Pachmayer

**Zinseszins und Rentenrechnungs-Tabellen**

Pachmayer

**Zinseszins und Rentenrechnungs-Tabellen**

ISBN/EAN: 9783744654517

Hergestellt in Europa, USA, Kanada, Australien, Japan

Cover: Foto ©Suzi / pixelio.de

Weitere Bücher finden Sie auf **www.hansebooks.com**

# Zinseszins-

und

# Rentenrechnungs-Tabellen.

·⊹·

## Verfaßt

von

**Pachmayer**

Hauptmann a. D.

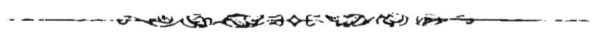

**Würzburg.**

Verlag der J. Staudinger'schen Buchhandlung.

**1885.**

# Vorwort.

—

Diese Tabellen haben den Zweck: allen Jenen, welche die Zinseszinsen- und Renten-Rechnung brauchen, oder sich für dieselbe interessiren, die Möglichkeit zu bieten: die meisten in dieses Gebiet einschlägigen Aufgaben (bis zu den progressiv wachsenden Renten) auf arithmetischen Wege zu lösen, ohne hierzu mehr Vorkenntnisse, als die der Rechnung mit Dezimalbrüchen zu bedürfen. Nach den beigefügten Erläuterungen wird Jeder diese Rechnung in einer Stunde erlernt haben.

Die beigefügten Beispiele werden die nöthige Sicherheit bei Anwendung der Tabellen geben. Diese Beispiele sind meist aus Heis Aufgaben-Sammlung entnommen und wurden durch Vergleichung der Resultate, welche mit den in genanntem Buche stets übereinstimmten, die Richtigkeit der Tabellen erkannt.

**Regensburg,** im April 1885.

**Pachmayer,** Hauptmann.

# Erläuterungen zum Gebrauche.

---

## I. Begriffe.

1. Die Benennungen: Kapital, Zinsen und Prozente sind wohl jedem Schulknaben genügend bekannt.

2. Auf Zinseszinsen steht ein Kapital, wenn die jährlichen (halb- oder vierteljährlichen) Zinsen zum Kapital geschlagen und wieder verzinst werden.

3. Ein Kapital ist ein nur Einmal gegebener Betrag; Rente heißt ein jedes Jahr gegebener gleicher Betrag.

4. Die Summe, bis zu welcher ein Kapital oder eine Rente durch Ver-zinseszinsung anwächst, heißt Endwerth.

5. Alle Dinge, wie Seelenzahl u. s. w., welche derselben Art der Ver-mehrung oder Verminderung unterliegen, werden ebenso berechnet.

## II. Einrichtung der Tabellen.

Jede Tabelle enthält oben am Kopfe die Überschrift für die Prozente, links in der ersten Rubrik die Jahre, so daß man für jedes Jahr in deren Zeile ein zugehöriges Prozent hat; z. B. in der I. Tabelle für 20 Jahre und 1½ Prozent die Zahl 1,3468; oder für 11 Jahre und Zahl 1,3477 die zu-gehörigen Prozente = 2¾ Prozent; oder für 2¼ Prozent und Zahl 1,9494 die zugehörigen 30 Jahre entnehmen kann.

## III. Gebrauch der I. Tabelle.

Gegenstand dieser Tabelle ist ein Kapital, welches auf Zinseszinsen steht. Die darin enthaltenen Zahlen heißen Zinserponenten, und dies sind diejenigen Zahlen, mit welchen man das Kapital zu multiplizieren hat, um dessen Endwerth zu erhalten. Hieraus folgt umgekehrt, das Kapital ist gleich dem Endwerth dividirt durch den Zinserponenten, dann noch: der Zinserponent ist gleich: dem Endwerth dividirt durch das Kapital.

## Bemerkung.

Werden die ½ jährigen Zinsen zum Kapital geschlagen, so hat man nur die halben Prozente, aber die doppelte Anzahl Jahre; werden die ¼ jährigen Zinsen zum Kapital geschlagen, so hat man nur den 4ten Theil der Prozente und die 4fachen Jahre zu nehmen.

## Beispiele.

a) Jahre und Prozente sind gegeben; hiedurch also der Zeitexponent der Tabelle.

1. (Heis § 84 Nr. 14.) Ein Kapital von 1200 Thlrn. steht auf Zinseszinsen zu 4 Prozent. Was wird daraus nach 36 Jahren?

Antwort: Für 36 Jahre und 4 Prozent hat man Zinsexponent 4,1039, also 1200 × 4,1039 = 4924,7 = 4924 Thlr. 21 Sgr.

2. (Heis § 84 Nr. 30.) Ein Walddistrikt, der sich jährlich um 4¾ Prozent seines jedesmaligen Holzbestandes vermehrt, ist zu 12000 Klaftern Holz vermessen. Wie viel enthielt derselbe vor 12 Jahren?

Antwort: Für 12 Jahre und 4¾ Prozent hat man Zinsexponent 1,7452, also 12000 : 1,7452 = 6870 Klftr.

b) Von Jahren und Prozenten nur Eines gegeben; daher der Zinsexponent vorerst zu berechnen.

3. (Heis § 84 Nr. 32β) Zu wie viel Prozent steht ein Kapital von 18796 Thlrn., welches nach 10 Jahren zu 29198,6 Thlrn. anwächst?

Antwort: 29198,6 : 18796 = 1,553. Man findet in der I. Tabelle bei 10 Jahren den Zinsexponent 1,553 bei 4½ Prozent.

4. Heis § 84 Nr. 38.) Wie lange stand ein Kapital von 12388 Thlrn., wenn es bei 3½ Prozent Zinsen zu 22232 Thlr. 13 Sgr. angewachsen ist?

Antwort: 22232,447 : 12388 = 1,792. Man findet in der I. Tabelle in der Rubrik 3½ Prozent vertikal abwärts gehend beim annähernd gleichen Zinsexponenten 1,79 links 17 Jahre.

5. (Heis § 84 Nr. 26a.) Was wird aus einem Kapitale von 68000 Thlrn. zu 5 Prozent auf Zinseszinsen nach 6½ Jahren?

Antwort: Nach 6 Jahren (bei 5 Prozent) 68000 × 1,3401 = 91126,8 Thlr. 5 Prozent auf ½ Jahr ist so viel wie 2½ Prozent auf 1 Jahr, daher 91126,8 × 1,025 = 93404,97 Thlr.

## IV. Gebrauch der II. Tabelle.

Gegenstand dieser Tabelle ist eine Rente, d. h. ein jedes Jahr bezahlt werdender gleicher Betrag, welcher verzinst wird; oder: ein jährlich um sich selbst erhöhtes Kapital. Die darin enthaltenen Faktoren sind diejenigen Zahlen, mit welchen die jährliche Rente multiplizirt werden muß, um deren Endwerth zu erhalten.

Hieraus folgt umgekehrt, daß die Rente gleich ist; dem Endwerthe dividirt durch den Faktor; ferner, daß der Faktor gleich ist: dem Endwerthe dividirt durch die jährliche Rente.

## Beispiele.

a) Jahre und Prozente sind gegeben, also hiedurch der Faktor der Tabelle zu entnehmen.

1. (Heis § 84 Nr. 53.) Ein Pächter ist 8 Jahre hindurch mit seinem Pacht von 280 Thlrn. zurückgeblieben. Wie viel hat er am Ende des 8. Jahres zu bezahlen, wenn die Zinseszinsen in Anschlag gebracht und 4 Prozent gerechnet werden?

Antwort: Für 8 Jahre und 4 Prozent hat man in der II. Tabelle den Faktor 9,215, also 280 × 9,215 = 2580 Thlr.

2. Wenn eine jährlich zu zahlende Summe 8 Jahre im Rückstande blieb und bei 4 prozentiger Verzinseszinsung die Summe von 2580 Thlrn. erreichte, wie groß war diese jährlich zu zahlende Summe?

Antwort: Für 8 Jahre und 4 Prozent hat man den Faktor 9,215, also 2580 : 9,215 = 280 Thlr.

b) Von Jahren und Prozenten ist nur Eines gegeben; daher der Faktor zuerst zu berechnen.

3. (Heis § 84 Nr. 56 Umkehrung.) Jemand ist testamentarisch verpflichtet, einem alten Diener des Erblassers 12 Jahre hindurch am Ende eines jeden Jahres 175 Thlr. zu zahlen. Der Erbe vernachläßigte diese Verpflichtung und wurde deßhalb nach Ablauf dieser Zeit zur Zahlung von 2629,4 Thlrn. verurtheilt; wie viel Prozent wurden hiebei gerechnet?

Antwort: 2629 : 175 = 15,025. Man findet in der II. Tabelle den Faktor 15,025 in der Zeile von 12 Jahren und ersieht oben die gesuchten 4 Prozent.

4. Wenn vorstehende Aufgabe lautete: Der Erbe war verpflichtet, eine gewisse Zeit lang jährlich 175 Thlr. zu zahlen und wurde bei 4 Prozent Verzinseszinsung nach dieser Zeit hin zur Zahlung von 2629,4 Thlr. verurtheilt; wie lange dauerte diese Verpflichtung?

Antwort: 2629,4 : 175 = 15,025. Man gehe in der II. Tabelle in der Rubrik 4 Prozent so weit herab, bis man an den Faktor 15,025 kommt (oder den annähernd gleichen) und ersieht links die gesuchten 12 Jahre.

### Zusatz.

Wenn ein Kapital auf Zinseszinsen steht und wird Ende jeden Jahres eine gleiche Summe (Rente) zugelegt, so ist der Endwerth gleich der Summe der Endwerthe des Kapitals (I. Tabelle) und der Rente (II. Tabelle). Wird jährlich eine gleiche Summe weggenommen, so ist der Endwerth gleich dem Endwerthe des Kapitals weniger dem Endwerth der Rente. Beginnt die Zulage oder Wegnahme mit Ende desjenigen Jahres, in welchem das Kapital angelegt wird, so ist die Anzahl Jahre für Kapital und Rente die gleiche, weil die Summe der Renten von Ende zu Ende oder von Anfang zu Anfang der Jahre gerechnet wird.

### Beispiele.

1. (Heis § 84 Nr. 52.) Einer hat ein Vermögen von 2817 fl., welches zu 4 Prozent aussteht, und vermehrt dasselbe jährlich nicht allein um die Zinsen, sondern auch noch um 420 fl. Wie groß wird das Kapital nach 8 Jahren sein?

Antwort: Das Kapital wird 2817 × 1,3686 (I. Tabelle) = 3855,3
die Zulage wird 420 × 9,215 (II. Tabelle) = 3870,3

Summe 7725,6 fl.

2. (Heis § 84 Nr. 51.) In einem Gemeindewalde, der 10000 Klafter Holz enthält, und dessen Zuwachs jährlich 5 Prozent beträgt, werden zu Ende eines jeden Jahres 800 Klafter Holz geschlagen. Wie viel Klafter wird der Wald nach 10 Jahren noch enthalten?

Antwort: Es sind für 10 Jahre und 5 Prozent
die 10000 Klafter nach I. Tabelle = 10000 × 1,6289     16289 Klftr.
„     800     „     „ II.     „         800 × 12,578      10062,4 „

Rest 6226,6 Klftr.

## V. Gebrauch der III. Tabelle.

Gegenstand dieser Tabelle ist die Rentengleichung, d. i. eines Kapitals und einer Rente, deren Endwerthe gleich sind; oder: Ein Kapital steht auf Zinseszinsen, und von demselben wird vom Ende des ersten Jahres an jährlich die gleiche Summe (größer als der Zins) so lange weggenommen, bis das Kapital sammt Zinseszinsen erschöpft ist, also kein Rest mehr bleibt.

Die in dieser Tabelle enthaltenen Zahlen heißen Quotienten, weil sie gebildet sind: durch Division je eines Faktors der II. Tabelle durch den in Jahren und Prozenten übereinstimmenden Zinsexponenten der I. Tabelle.

Zum Gebrauche merke man: diese Tabelle enthält diejenigen Zahlen, mit welchen man eine Rente zu multiplizieren hat, um das Kapital zu erhalten.

Hieraus folgt umgekehrt: die Rente ist gleich dem Kapital dividirt durch den Quotienten, und: der Quotient ist gleich dem Kapital dividirt durch die Rente.

Der Gebrauch dieser Tabelle ist daher in Beziehung auf Rente und Kapital ganz der gleiche wie jener der I. Tabelle in Beziehung auf Kapital und Endwerth; oder wie jener der II. Tabelle in Beziehung auf Rente und Endwerth. Eine Verwechslung, daß das Kapital durch Multiplikation der Rente entsteht, ist nicht wohl möglich, wenn man bedenkt, daß das Kapital der größere Betrag sein muß, weil man sonst die Rente nicht davon wegnehmen kann.

## Beispiele.

a) Jahre und Prozente sind beide gegeben.

1. (Heis § 84 Nr. 57.) Jemand hat eine Jahrrente von 700 Thlrn. auf 10 Jahre zu genießen. Wie viel ist für dieselbe jetzt zu bezahlen, wenn die Zinsen zu $4\frac{1}{4}$ Prozent gerechnet werden?

Antwort: Für 10 Jahre und $4\frac{1}{4}$ Prozent ersieht man in der III. Tabelle den Quotienten 8,01105 oder = 8,011, also $700 \times 8,011 = 5607,7$ Thlr.

2. (Heis § 84 Nr. 60a.) Eine Schuld von 3816 Thlrn., welche zu 4 Prozent verzinst ist, soll in 5 jährlichen Terminen zu gleichen Summen abgetragen werden. Welche Summen sind jedesmal zu zahlen?

Antwort: Für 5 Jahre und 4 Prozent hat man in der III. Tabelle den Quotienten 4,4523, also $3816 : 4,4523 = 857,1$ Thlr.

b) Von Jahren und Prozenten ist nur das Eine gegeben, das Andere gesucht; daher der Quotient zuerst zu berechnen, indem man das Kapital durch die Rente dividirt.

3. (Heis § 84 Nr. 56 Umkehrung.) Jemand hinterläßt sein ganzes Vermögen seinen Erben unter der Bedingung: 12 Jahre hindurch am Ende eines jeden Jahres seinem treuen Diener 175 Thlr. zu zahlen. Die Erben haben diese Verpflichtung mit 1642,4 Thlr. abgekauft. Wie viel Prozent wurden gerechnet?

Antwort: $1642,4 : 175 = 9,385$. Man findet in der III. Tabelle bei 12 Jahren diesen Quotienten in der Rubrik, welche am Kopfe oben die gesuchten 4 Prozent angibt.

4. (Heis § 84 Nr. 57 Umkehrung.) Jemand hat eine Jahrrente von 700 Thlrn. zu genießen. Für dieselbe wurde baar bezahlt 5607,7 Thlr. Wenn nun die Zinsen zu $4\frac{1}{4}$ Prozent gerechnet wurden; auf wie lange war diese Rente zu genießen?

Antwort: $5607,7 : 700 = 8,011$.

Man findet bei $4\frac{1}{4}$ Prozent in dieser Vertikalreihe abwärts gehend, diesen Quotienten, in einer Zeile, auf welcher links die gesuchten 10 Jahre angegeben sind.

2

## VI. Besondere Aufgaben:

Mittlerer Zahlungs-Termin, Bezahlung für spätere Rente, Umwandlung.

1. (Heis § 84 Nr. 62 α.) Eine Rente von 600 fl. ist 30 Jahre lang zu beziehen. Zu welcher Zeit kann man dieselbe mit 600 × 30 = 18000 fl. auf einmal bezahlen, wenn die Zinseszinsen zu 5 % gerechnet werden?

Auflösung: Man dividire die Jahre durch den Quotienten der III. Tabelle, so hat man den Zinsexponenten der I. Tabelle daher 30 : 15,372 = 1,9518. Nun hat man in der I. Tabelle 1,9799 als annähernd gleichen in der Vertikalreihe von 5 Prozent und ersieht links die gesuchten 14 Jahre.

### Beweis der Richtigkeit dieses Verfahrens.

Hat Jemand eine Rente auf n Jahre zu genießen, und werden p Prozente berechnet, so ist das am Anfange desjenigen Jahres, an dessen Ende die Rente beginnt, einzuzahlende Kapital gleich: diese Rente multiplizirt mit dem Quotienten der III. Tabelle für n Jahre und p Prozent; dieser Quotient sei q; man hat also als Anfangs-Kapital die q fache Rente.

Nun ist aber diese Rente auf Einmal, d. h. im Ganzen zu entrichten, also das n fache der jährlichen Rente, und zwar nach unbekannten x Jahren; somit der Endwerth.

Da man nun das Anfangs-Kapital als q fache Rente, den Endwerth als n fache Rente hat, so kann letztere als Einheit genommen werden. Es reduzirt sich daher das Anfangs-Kapital auf q, dessen Endwerth auf n.

Nach der I. Tabelle gibt: der Endwerth dividirt durch das Kapital den Zinsexponenten, hier für x Jahre und p Prozent.

Das ist also: die Anzahl Jahre, welche eine Rente läuft, dividirt durch den Quotienten der III. Tabelle (für diese Jahre und Prozente) gibt den Zinsexponenten der I. Tabelle, welcher in der Vertikalreihe für p Prozente aufzusuchen ist, und dann in dieser Horizontalzeile links die gesuchte Anzahl Jahre angibt.

2. (Heis § 84 Nr. 64.) Jemand will 21 Jahre hindurch zu Anfange eines jeden Jahres eine bestimmte Summe zahlen, damit nach Verlauf der 21 Jahre er selbst oder ein Anderer 8 Jahre hindurch eine jährliche, Ende eines jeden Jahres zu zahlende Rente von 600 Thlrn. genieße.

Wie groß ist die jährlich zu zahlende Summe, wenn die Zinsen zu 4½ Prozent gerechnet werden?

Auflösung: Der Endwerth der Rente von 600 Thlrn. ist nach II. Tabelle 600 × 9,38 = 5628 Thlr. Dieß ist auch der Endwerth der einzuzahlenden Summe. Letztere wird jährlich bezahlt, und zwar 21 Jahre lang, am Anfange jeden Jahres, wird daher nach II. Tabelle am Anfange des 21. Jahres (bei $4\frac{1}{2}$ Prozent) 33,78 mal so groß. Nun steht diese vergrößerte Summe nach das 21. Jahr und 8 Jahre, also 9 Jahre auf Zinseszinsen, wird daher nach I. Tabelle 1,4681 mal so groß; es hat also die eingezahlte Summe den Multiplikator $33,78 \times 1,4681$ oder den Zinsexponenten $1,4681 \times 33,78$. Man hat also den Endwerth 5628 durch $33,78 \times 1,4681$ zu dividiren; d. i. $33,78 \times 1,4681 = 50,2$; dann $5628 : 50,2 = 112,1$ Thlr. einzuzahlen.

3. (Heis § 84 Nr. 66 $\alpha$.) Eine Jahrrente von 600 fl., welche 20 Jahre lang am Ende eines jeden Jahres fällig ist, soll in eine andere umgewandelt werden, die 25 Jahre lang am Ende eines jeden Vierteljahres zahlbar ist. Wie groß wird die neue Rente sein, wenn die Zinseszinsen zu 4 Prozent gerechnet werden?

Auflösung: Die neue Rente soll der umzuwandelnden an Werth gleich sein; dies ist dann der Fall, wenn das für beide Renten einzuzahlende Kapital das gleiche ist. Nach III. Tabelle ist das für die Rente von 600 fl. einzuzahlende Kapital für 20 Jahre und 5 Prozent $600 \times 13,591 = 8154,6$.

Nach eben dieser Tabelle ist aber für Kapital 8154,6 die Rente auf 100 Zeiträume bei 1 Prozent $8154,6 : 63,028 = 129$ fl.

4. (Heis § 84 Nr. 66 $\gamma$.) Eine Rente von 500 fl. am Ende eines jeden Jahres fällig, soll in eine Rente umgewandelt werden, die alle Vierteljahr fällig ist, und eben so lange läuft wie die erste. Wie hoch wird sich diese Vierteljahrsrente belaufen, wenn die Zinseszinsen zu 5 Prozent gerechnet werden?

Auflösung: Die Zeit der neuen Rente ist das 4fache der ersten, daher jene der ersten als Einheit anzunehmen; auch sollen die Renten gleichen Werth haben, daher müssen ihre Baarwerthe gleich sein, nämlich die für dieselben einzuzahlenden Kapitalien.

Nach III. Tabelle ist für die Rente von 500 fl. für 1 Jahr bei 5 Prozent einzuzahlen: $500 \times 0,95238 = 476,19$. Dieses Kapital ergibt auf 4 (Vierteljahre) bei 5 % nach Tabelle III die Rente $476,19 : 3,8746 = 122,9$.

**Regensburg,** im April 1885.

**Pachmayer,** Hauptmann.

# I.

# Zinseszins-Tabelle

## für die Einheit (Zins-Exponent)

von $\frac{1}{4}\%$, $\frac{1}{2}\%$ u. s. w. bis 5% für 1 bis 100 Jahre.

————

# P r o z e n t e

| Jahre | ¼ | ½ | ¾ | 1 | 1¼ | 1½ | 1¾ | 2 | 2¼ | 2½ |
|---|---|---|---|---|---|---|---|---|---|---|
| 1 | 1,0025 | 1,005 | 1,0075 | 1,0100 | 1,0125 | 1,015 | 1,0175 | 1,02 | 1,0225 | 1,025 |
| 2 | 1,0050 | 1,0100 | 1,0151 | 1,0201 | 1,0252 | 1,0302 | 1,0353 | 1,0404 | 1,0455 | 1,0506 |
| 3 | 1,0075 | 1,0151 | 1,0227 | 1,0303 | 1,0380 | 1,0457 | 1,0534 | 1,0612 | 1,0690 | 1,0769 |
| 4 | 1,0100 | 1,0201 | 1,0303 | 1,0406 | 1,0509 | 1,0614 | 1,0718 | 1,0824 | 1,0931 | 1,1038 |
| 5 | 1,0126 | 1,0252 | 1,0380 | 1,0519 | 1,0641 | 1,0772 | 1,0906 | 1,1041 | 1,1176 | 1,1314 |
| 6 | 1,0151 | 1,0303 | 1,0458 | 1,0615 | 1,0774 | 1,0934 | 1,1097 | 1,1261 | 1,1428 | 1,1597 |
| 7 | 1,0176 | 1,0355 | 1,0537 | 1,0721 | 1,0906 | 1,1098 | 1,1291 | 1,1486 | 1,1685 | 1,1886 |
| 8 | 1,0202 | 1,0407 | 1,0616 | 1,0828 | 1,1045 | 1,1264 | 1,1489 | 1,1716 | 1,1948 | 1,2184 |
| 9 | 1,0227 | 1,0459 | 1,0695 | 1,0937 | 1,1183 | 1,1434 | 1,1689 | 1,1951 | 1,2217 | 1,2488 |
| 10 | 1,0253 | 1,0511 | 1,0776 | 1,1046 | 1,1323 | 1,1605 | 1,1894 | 1,2190 | 1,2492 | 1,2800 |
| 11 | 1,0278 | 1,0564 | 1,0857 | 1,1156 | 1,1464 | 1,1779 | 1,2102 | 1,2433 | 1,2773 | 1,3121 |
| 12 | 1,0304 | 1,0617 | 1,0938 | 1,1268 | 1,1607 | 1,1956 | 1,2314 | 1,2682 | 1,3060 | 1,3449 |
| 13 | 1,0330 | 1,0670 | 1,1020 | 1,1381 | 1,1753 | 1,2135 | 1,2530 | 1,2936 | 1,3354 | 1,3785 |
| 14 | 1,0356 | 1,0723 | 1,1103 | 1,1495 | 1,1899 | 1,2317 | 1,2749 | 1,3195 | 1,3655 | 1,4129 |
| 15 | 1,0381 | 1,0777 | 1,1186 | 1,1609 | 1,2048 | 1,2502 | 1,2972 | 1,3458 | 1,3962 | 1,4483 |
| 16 | 1,0408 | 1,0831 | 1,1270 | 1,1726 | 1,2199 | 1,2690 | 1,3199 | 1,3728 | 1,4276 | 1,4845 |
| 17 | 1,0433 | 1,0885 | 1,1354 | 1,1843 | 1,2351 | 1,2880 | 1,3430 | 1,4002 | 1,4597 | 1,5216 |
| 18 | 1,0459 | 1,0940 | 1,1439 | 1,1962 | 1,2505 | 1,3073 | 1,3665 | 1,4282 | 1,4925 | 1,5596 |
| 19 | 1,0486 | 1,0994 | 1,1525 | 1,2081 | 1,2662 | 1,3269 | 1,3904 | 1,4568 | 1,5261 | 1,5986 |
| 20 | 1,0512 | 1,1049 | 1,1612 | 1,2202 | 1,2820 | 1,3468 | 1,4148 | 1,4859 | 1,5605 | 1,6386 |
| 21 | 1,0538 | 1,1104 | 1,1699 | 1,2324 | 1,2981 | 1,3670 | 1,4395 | 1,5156 | 1,5956 | 1,6795 |
| 22 | 1,0565 | 1,1160 | 1,1787 | 1,2447 | 1,3143 | 1,3875 | 1,4647 | 1,5459 | 1,6315 | 1,7215 |
| 23 | 1,0591 | 1,1215 | 1,1875 | 1,2572 | 1,3307 | 1,4083 | 1,4904 | 1,5769 | 1,6682 | 1,7646 |
| 24 | 1,0617 | 1,1271 | 1,1964 | 1,2697 | 1,3473 | 1,4295 | 1,5164 | 1,6084 | 1,7058 | 1,8087 |
| 25 | 1,0644 | 1,1328 | 1,2054 | 1,2824 | 1,3642 | 1,4509 | 1,5430 | 1,6406 | 1,7441 | 1,8540 |
| 26 | 1,0671 | 1,1384 | 1,2144 | 1,2953 | 1,3812 | 1,4727 | 1,5700 | 1,6734 | 1,7834 | 1,9003 |
| 27 | 1,0697 | 1,1441 | 1,2235 | 1,3082 | 1,3985 | 1,4948 | 1,5974 | 1,7069 | 1,8235 | 1,9478 |
| 28 | 1,0724 | 1,1429 | 1,2327 | 1,3213 | 1,4160 | 1,5172 | 1,6254 | 1,7410 | 1,8645 | 1,9965 |
| 29 | 1,0751 | 1,1556 | 1,2419 | 1,3345 | 1,4337 | 1,5399 | 1,6539 | 1,7758 | 1,9065 | 2,0464 |
| 30 | 1,0778 | 1,1614 | 1,2513 | 1,3475 | 1,4516 | 1,5631 | 1,6828 | 1,8113 | 1,9494 | 2,0975 |

# P r o z e n t e.

| 2¾ | 3 | 3¼ | 3½ | 3¾ | 4 | 4¼ | 4½ | 4¾ | 5 |
|---|---|---|---|---|---|---|---|---|---|
| 1,0275 | 1,03 | 1,0325 | 1,035 | 1 0375 | 1,0400 | 1,0425 | 1,045 | 1,0475 | 1,05 |
| 1,0557 | 1,0609 | 1,0660 | 1,0712 | 1,0764 | 1 0816 | 1,0868 | 1,0920 | 1,0972 | 1,1025 |
| 1,0848 | 1,0927 | 1,1007 | 1,1057 | 1,1167 | 1,1248 | 1,1350 | 1,1411 | 1,1493 | 1,1576 |
| 1,1146 | 1,1255 | 1,1366 | 1,1475 | 1,1586 | 1,1698 | 1,1811 | 1,1925 | 1,2039 | 1,2155 |
| 1,1453 | 1,1593 | 1,1734 | 1,1876 | 1,2021 | 1,2167 | 1,2313 | 1,2461 | 1,2611 | 1,2763 |
| 1,1768 | 1,1940 | 1,2115 | 1,2292 | 1,2472 | 1,3653 | 1,2836 | 1,3022 | 1,3210 | 1,3401 |
| 1,2091 | 1,2299 | 1 2509 | 1,2722 | 1,2939 | 1,3159 | 1,3382 | 1,3608 | 1,3838 | 1,4071 |
| 1,2424 | 1,2668 | 1,2916 | 1,3165 | 1,3424 | 1,3686 | 1,3951 | 1,4221 | 1,4495 | 1,4774 |
| 1,2765 | 1,3048 | 1,3335 | 1,3629 | 1,3928 | 1,4232 | 1,4544 | 1,4861 | 1,5184 | 1,5513 |
| 1,3116 | 1,3439 | 1,3769 | 1,4106 | 1,4150 | 1,4802 | 1,5162 | 1,5529 | 1,5905 | 1,6289 |
| 1,3477 | 1,3842 | 1,4216 | 1,4599 | 1,4992 | 1,5395 | 1,5806 | 1,6228 | 1,6661 | 1,7103 |
| 1,3848 | 1,4258 | 1,4678 | 1,5110 | 1,5554 | 1,6010 | 1,6478 | 1,6958 | 1,7452 | 1,7959 |
| 1,4228 | 1,4686 | 1,5155 | 1,5639 | 1,6138 | 1,6651 | 1,7179 | 1,7721 | 1,8281 | 1,8857 |
| 1,4620 | 1,5126 | 1,5648 | 1,6187 | 1,6743 | 1,7317 | 1,7909 | 1,8519 | 1,9449 | 1,9799 |
| 1,5022 | 1,5580 | 1,6156 | 1,6753 | 1,7371 | 1,8009 | 1,8670 | 1,9352 | 2,0059 | 2,0789 |
| 1,5435 | 16,017 | 1,6682 | 1,7340 | 1,8022 | 1,8730 | 1,9163 | 2,0223 | 2,1012 | 2,1829 |
| 1,5830 | 1,6528 | 1,7224 | 1,7946 | 1,8698 | 1,9479 | 2,0290 | 2,1133 | 2,2010 | 2,2920 |
| 1,6295 | 1,7024 | 1,7784 | 1,8571 | 1,9399 | 2,0258 | 2,1153 | 2,2084 | 2,3055 | 2,4066 |
| 1,6744 | 1,7535 | 1,8362 | 1,9225 | 2,0127 | 2,1068 | 2,2052 | 2,3078 | 2,4150 | 2,5270 |
| 1,7204 | 1,8061 | 1,8958 | 1,9897 | 2,0881 | 2,1911 | 2,2989 | 2,4117 | 2,5298 | 2,6533 |
| 1,7677 | 1,8603 | 1,9575 | 2,0594 | 2,1664 | 2,2788 | 2,3966 | 2 5202 | 2,6499 | 2,7859 |
| 1,8163 | 1,9961 | 2,0210 | 2,1315 | 2,2477 | 2,3699 | 2,4985 | 2,6336 | 2,7758 | 2,9255 |
| 1,8663 | 1,9736 | 2,0867 | 2,2061 | 2,3320 | 2,4647 | 2,6046 | 2,7251 | 2,9076 | 3,0715 |
| 1,9176 | 2,0328 | 2,1545 | 2,2833 | 2,4194 | 2,5633 | 2,7153 | 2,8760 | 3,0458 | 3,3251 |
| 1,9703 | 2 0938 | 2,2246 | 2,3632 | 2,5101 | 2,6658 | 2,8307 | 3,0054 | 3,1904 | 3,3864 |
| 2,0245 | 2,1566 | 2,2969 | 2,4459 | 2,6013 | 2,7725 | 2,9510 | 3,1406 | 3,3420 | 3,5557 |
| 2,0802 | 2,2213 | 2,3715 | 2,5315 | 2,7019 | 2,8833 | 3,0764 | 3,2820 | 3,5007 | 3,7335 |
| 2,1374 | 2,2879 | 2,4486 | 2,6201 | 2,8033 | 2,9987 | 3,2072 | 3,4297 | 3,6670 | 3,9201 |
| 2,1962 | 2,3566 | 2,5282 | 2,7118 | 2,9084 | 3,1186 | 3,3435 | 3,5840 | 3,8412 | 4,1161 |
| 2,2566 | 2,4273 | 2,6103 | 2,8067 | 3,0175 | 3,2434 | 3,4856 | 3,7453 | 4,0236 | 4,3219 |

# Prozente

| Jahre | ¼ | ½ | ¾ | 1 | 1¼ | 1½ | 1¾ | 2 | 2¼ | 2½ |
|---|---|---|---|---|---|---|---|---|---|---|
| 31 | 1,0805 | 1,1672 | 1,2606 | 1,3613 | 1,4697 | 1,5865 | 1,7122 | 1,8476 | 1,9932 | 2,1500 |
| 32 | 1,0832 | 1,1730 | 1,2701 | 1,3749 | 1,4884 | 1,6103 | 1,7422 | 1,8845 | 2,0381 | 2,2037 |
| 33 | 1,0859 | 1,1789 | 1,2797 | 1,3887 | 1,5067 | 1,6345 | 1,7727 | 1,9222 | 2,0839 | 2,2588 |
| 34 | 1,0886 | 1,1848 | 1,2892 | 1,4025 | 1,5255 | 1,6590 | 1,8037 | 1,9606 | 2,1308 | 2,3153 |
| 35 | 1,0913 | 1,1907 | 1,2989 | 1,4166 | 1,5446 | 1,6838 | 1,8353 | 1,9998 | 2,1787 | 2,3732 |
| 36 | 1,0940 | 1,1967 | 1,3086 | 1,4308 | 1,5639 | 1,7091 | 1,8674 | 2,0398 | 2,2278 | 2,4325 |
| 37 | 1,0968 | 1,2027 | 1,3185 | 1,4451 | 1,5835 | 1,7348 | 1,9601 | 2,0807 | 2,2779 | 2,4933 |
| 38 | 1,0995 | 1,2086 | 1,3283 | 1,4595 | 1,6033 | 1,7607 | 1,9333 | 2,1223 | 2,3291 | 2,5556 |
| 39 | 1,1023 | 1,2147 | 1,3383 | 1,4741 | 1,6233 | 1,7872 | 1,9672 | 2,1647 | 2,3816 | 2,6197 |
| 40 | 1,1050 | 1,2208 | 1,3483 | 1,4889 | 1,6436 | 1,8140 | 2,0016 | 2,2080 | 2,4352 | 2,6851 |
| 41 | 1,1078 | 1,2269 | 1,3585 | 1,5037 | 1,6642 | 1,8412 | 2,0366 | 2,2522 | 2,4899 | 2,7521 |
| 42 | 1,1106 | 1,2330 | 1,3687 | 1,5188 | 1,6850 | 1,8688 | 2,0722 | 2,2972 | 2,5460 | 2,8210 |
| 43 | 1,1133 | 1,2392 | 1,3789 | 1,5340 | 1,7060 | 1,8968 | 2,1085 | 2,3431 | 2,6033 | 2,8915 |
| 44 | 1,1161 | 1,2454 | 1,3892 | 1,5493 | 1,7273 | 1,9253 | 2,1454 | 2,3900 | 2,6618 | 2,9638 |
| 45 | 1,1189 | 1,2516 | 1,3997 | 1,5648 | 1,7489 | 1,9542 | 2,1830 | 2,4378 | 2,7217 | 3,0379 |
| 46 | 1,1217 | 1,2579 | 1,4102 | 1,5805 | 1,7708 | 1,9835 | 2,2212 | 2,4866 | 2,7830 | 3,1139 |
| 47 | 1,1245 | 1,2641 | 1,4208 | 1,5962 | 1,7929 | 2,0132 | 2,2600 | 2,5363 | 2,8456 | 3,1917 |
| 48 | 1,1273 | 1,2705 | 1,4314 | 1,6122 | 1,8153 | 2,0434 | 2,2996 | 2,5871 | 2,9096 | 3,2714 |
| 49 | 1,1301 | 1,2768 | 1,4421 | 1,6283 | 1,8380 | 2,0741 | 2,3398 | 2,6388 | 2,9751 | 3,3533 |
| 50 | 1,1330 | 1,2832 | 1,4530 | 1,6446 | 1,8610 | 2,1052 | 2,3808 | 2,6915 | 3,0420 | 3,4371 |
| 51 | 1,1358 | 1,2896 | 1,4639 | 1,6611 | 1,8843 | 2,1368 | 2,4224 | 2,7454 | 3,1105 | 3,5230 |
| 52 | 1,1387 | 1,2961 | 1,4748 | 1,6777 | 1,9078 | 2,1688 | 2,4648 | 2,8003 | 3,1805 | 3,6111 |
| 53 | 1,1415 | 1,3025 | 1,4859 | 1,6945 | 1,9317 | 2,2013 | 2,5080 | 2,8563 | 3,2520 | 3,7014 |
| 54 | 1,1443 | 1,3091 | 1,4970 | 1,7114 | 1,9558 | 2,2344 | 2,5518 | 2,9134 | 3,3252 | 3,7939 |
| 55 | 1,1472 | 1,3156 | 1,5083 | 1,7285 | 1,9803 | 2,2679 | 2,5965 | 2,9717 | 3,4000 | 3,8887 |
| 56 | 1,1501 | 1,3222 | 1,5196 | 1,7458 | 2,0050 | 2,3020 | 2,6419 | 3,0311 | 3,4765 | 3,9860 |
| 57 | 1,1529 | 1,3288 | 1,5310 | 1,7632 | 2,0301 | 2,3365 | 2,6882 | 3,0918 | 3,5547 | 4,0856 |
| 58 | 1,1558 | 1,3355 | 1,5424 | 1,7809 | 2,0554 | 2,3715 | 2,7353 | 3,1536 | 3,6347 | 4,1878 |
| 59 | 1,1587 | 1,3421 | 1,5540 | 1,7987 | 2,0811 | 2,4071 | 2,7831 | 3,2167 | 3,7165 | 4,2925 |
| 60 | 1,1616 | 1,3488 | 1,5650 | 1,8167 | 2,1072 | 2,4432 | 2,8318 | 3,2810 | 3,8001 | 4,3998 |

# P r o z e n t e

| 2¾ | 3 | 3¼ | 3½ | 3¾ | 4 | 4¼ | 4½ | 4¾ | 5 |
|---|---|---|---|---|---|---|---|---|---|
| 2,3186 | 2,5001 | 2,6952 | 2,9050 | 3,1306 | 3,3731 | 3,6338 | 3,9138 | 4,2147 | 4,5380 |
| 2,3824 | 2,5751 | 2,7828 | 3,0067 | 3,2480 | 3,5080 | 3,7882 | 4,0899 | 4,4150 | 4,7649 |
| 2,4479 | 2,6523 | 2,8732 | 3,1119 | 3,3698 | 3,6483 | 3,9492 | 4,2740 | 4,6247 | 5,0032 |
| 2,5152 | 2,7319 | 2,9666 | 3,2208 | 3,4962 | 3,7943 | 4,1170 | 4,4663 | 4,8443 | 5,2534 |
| 2,5844 | 2,8139 | 3,0630 | 3,3335 | 3,6273 | 3,9461 | 4,2920 | 4,6673 | 5,0744 | 5,5160 |
| 2,6555 | 2,8983 | 3,1626 | 3,4502 | 3,7633 | 4,1039 | 4,4744 | 4,8773 | 5,3155 | 5,7918 |
| 2,7285 | 2,9852 | 3,2654 | 3,5711 | 3,9044 | 4,2681 | 4,6646 | 5,0968 | 5,5680 | 6,0814 |
| 2,8035 | 3,0748 | 3,3715 | 3,6959 | 4,0508 | 4,4388 | 4,8628 | 5,3262 | 5,8324 | 6,3855 |
| 2,8806 | 3,1670 | 3,4810 | 3,8253 | 4,2028 | 4,6163 | 5,0695 | 5,5659 | 6,1095 | 6,7047 |
| 2,9593 | 3,2620 | 3,5942 | 3,9592 | 4,3603 | 4,8010 | 5,2850 | 5,8163 | 6,3997 | 7,0400 |
| 3,0412 | 3,3599 | 3,7110 | 4,0978 | 4,5239 | 4,9931 | 5,5096 | 6,0781 | 6,7037 | 7,3920 |
| 3,1249 | 3,4607 | 3,8316 | 4,2412 | 4,6935 | 5,1928 | 5,7437 | 6,3516 | 7,0221 | 7,7616 |
| 3,2108 | 3,5645 | 3,9561 | 4,3896 | 4,8695 | 5,4005 | 5,9878 | 6,6374 | 7,3556 | 8,1497 |
| 3,2991 | 3,6714 | 4,0847 | 4,5433 | 5,0521 | 5,6165 | 6,2423 | 6,9361 | 7,7050 | 8,5572 |
| 3,3898 | 3,7816 | 4,2175 | 4,7023 | 5,2416 | 5,8412 | 6,5076 | 7,2482 | 8,0710 | 8,9850 |
| 3,4830 | 3,8951 | 4,3545 | 4,8669 | 5,4381 | 6,0748 | 6,7842 | 7,5744 | 8,4544 | 9,4342 |
| 3,5788 | 4,0119 | 4,4961 | 5,0372 | 5,6421 | 6,3178 | 7,0725 | 7,9152 | 8,8560 | 9,9060 |
| 3,6772 | 4,1322 | 4,6422 | 5,2135 | 5,8536 | 6,5705 | 7,3731 | 8,2714 | 9,2766 | 10,401 |
| 3,7784 | 4,2562 | 4,7930 | 5,3960 | 6,0732 | 6,8333 | 7,6865 | 8,6436 | 9,7173 | 10,922 |
| 3,8823 | 4,3839 | 4,9488 | 5,5849 | 6,3009 | 7,1067 | 8,0132 | 9,0326 | 10,178 | 11,467 |
| 3,9890 | 4,5154 | 5,1097 | 5,7803 | 6,5372 | 7,3909 | 8,3537 | 9,4391 | 10,662 | 12,041 |
| 4,0987 | 4,6509 | 5,2757 | 5,9826 | 6,7823 | 7,6866 | 8,7087 | 9,8638 | 11,169 | 12,643 |
| 4,2114 | 4,7904 | 5,4472 | 6,1920 | 7,0367 | 7,9940 | 9,0789 | 10,307 | 11,699 | 13,275 |
| 4,3273 | 4,9341 | 5,6242 | 6,4088 | 7,3005 | 8,3138 | 9,4647 | 10,771 | 12,255 | 13,939 |
| 4,4463 | 5,0821 | 5,8070 | 6,6331 | 7,5743 | 8,6464 | 9,8670 | 11,256 | 12,837 | 14,635 |
| 4,5685 | 5,2346 | 5,9957 | 6,8652 | 7,8584 | 8,9922 | 10,286 | 11,762 | 13,447 | 15,367 |
| 4,6942 | 5,3917 | 6,1906 | 7,1055 | 8,1530 | 9,3519 | 10,723 | 12,292 | 14,086 | 16,136 |
| 4,8233 | 5,5534 | 6,3918 | 7,3542 | 8,4588 | 9,7260 | 11,179 | 12,845 | 14,754 | 16,942 |
| 4,9559 | 5,7200 | 6,5995 | 7,6116 | 8,7760 | 10,115 | 11,654 | 13,423 | 15,455 | 17,790 |
| 5,0922 | 5,8916 | 6,8140 | 7,8780 | 9,1051 | 10,519 | 12,150 | 14,027 | 16,190 | 18,679 |

3

# P r o z e n t e

| Jahre | ¹/₄ | ¹/₂ | ³/₄ | 1 | 1¹/₄ | 1¹/₂ | 1³/₄ | 2 | 2¹/₄ | 2¹/₂ |
|---|---|---|---|---|---|---|---|---|---|---|
| 61 | 1,1645 | 1,3556 | 1,5774 | 1,8348 | 2,1335 | 2,4798 | 2,8814 | 3,3466 | 3,8856 | 4,5098 |
| 62 | 1,1674 | 1,3624 | 1,5893 | 1,8532 | 2,1602 | 2,5171 | 2,9318 | 3,4135 | 3,9730 | 4,6225 |
| 63 | 1,1703 | 1,3692 | 1,6012 | 1,8717 | 2,1872 | 2,5548 | 2,9831 | 3,4818 | 4,0624 | 4,7381 |
| 64 | 1,1733 | 1,3760 | 1,6132 | 1,8904 | 2,2145 | 2,5931 | 3,0353 | 3,5515 | 4,1538 | 4,8565 |
| 65 | 1,1762 | 1,3829 | 1,6253 | 1,9094 | 2,2422 | 2,6320 | 3,0884 | 3,6225 | 4,2473 | 4,9779 |
| 66 | 1,1791 | 1,3898 | 1,6374 | 1,9284 | 2,2702 | 2,6715 | 3,1424 | 3,6950 | 4,3429 | 5,1024 |
| 67 | 1,1821 | 1,3968 | 1,6498 | 1,9477 | 2,2986 | 2,7116 | 3,1974 | 3,7688 | 4,4406 | 5,2300 |
| 68 | 1,1851 | 1,4038 | 1,6621 | 1,9672 | 2,3273 | 2,7522 | 3,2534 | 3,8442 | 4,5405 | 5,3611 |
| 69 | 1,1880 | 1,4108 | 1,6746 | 1,9869 | 2,3564 | 2,7935 | 3,3103 | 3,9211 | 4,6426 | 5,4947 |
| 70 | 1,1910 | 1,4178 | 1,6871 | 2,0068 | 2,3859 | 2,8354 | 3,3683 | 3,9995 | 4,7471 | 5,6321 |
| 71 | 1,1940 | 1,4249 | 1,6998 | 2,0268 | 2,4157 | 2,8780 | 3,4272 | 4,0795 | 4,8539 | 5,7729 |
| 72 | 1,1969 | 1,4320 | 1,7126 | 2,0471 | 2,4459 | 2,9211 | 3,4872 | 4,1611 | 4,9631 | 5,9172 |
| 73 | 1,1999 | 1,4392 | 1,7243 | 2,0676 | 2,4765 | 2,9649 | 3,5482 | 4,2444 | 5,0748 | 6,0652 |
| 74 | 1,2029 | 1,4464 | 1,7383 | 2,0882 | 2,5074 | 3,0094 | 3,6103 | 4,3292 | 5,1890 | 6,2168 |
| 75 | 1,2060 | 1,4536 | 1,7514 | 2,1091 | 2,5387 | 3,0546 | 3,6735 | 4,4159 | 5,3057 | 6,3723 |
| 76 | 1,2089 | 1,4609 | 1,7645 | 2,1302 | 2,5705 | 3,1003 | 3,7377 | 4,5041 | 5,4254 | 6,5315 |
| 77 | 1,2120 | 1,4682 | 1,7777 | 2,1502 | 2,6026 | 3,1469 | 3,8032 | 4,5942 | 5,5472 | 6,6948 |
| 78 | 1,2150 | 1,4759 | 1,7911 | 2,1731 | 2,6351 | 3,1941 | 3,8697 | 4,6861 | 5,6720 | 6,8622 |
| 79 | 1,2180 | 1,4829 | 1,8045 | 2,1948 | 2,6681 | 3,2420 | 3,9374 | 4,7798 | 5,5997 | 7,0337 |
| 80 | 1,2311 | 1,4903 | 1,8180 | 2,2167 | 2,7015 | 3,2906 | 4,0064 | 4,8755 | 5,9301 | 7,2096 |
| 81 | 1,2241 | 1,4975 | 1,8317 | 2,2389 | 2,7352 | 3,3400 | 4,0765 | 4,9729 | 6,0635 | 7,3898 |
| 82 | 1,2272 | 1,5053 | 1,8454 | 2,2613 | 2,7694 | 3,3901 | 4,1478 | 5,0724 | 6,2000 | 7,5746 |
| 83 | 1,2303 | 1,5128 | 1,8593 | 2,2839 | 2,8040 | 3,4409 | 4,2204 | 5,1738 | 6,3394 | 7,7639 |
| 84 | 1,2334 | 1,5204 | 1,8732 | 2,3067 | 2,8391 | 3,4925 | 4,2942 | 5,2773 | 6,4821 | 7,9580 |
| 85 | 1,2364 | 1,5279 | 1,8873 | 2,3298 | 2,8746 | 3,5649 | 4,3694 | 5,3829 | 6,6279 | 8,1570 |
| 86 | 1,2395 | 1,5356 | 1,9014 | 2,3531 | 2,9105 | 3,5981 | 4,4459 | 5,4905 | 6,7771 | 8,3609 |
| 87 | 1,2426 | 1,5433 | 1,9157 | 2,3766 | 2,9469 | 3,6521 | 4,5237 | 5,6003 | 6,9296 | 8,5699 |
| 88 | 1,2457 | 1,5510 | 1,9300 | 2,4004 | 2,9837 | 3,7069 | 4,6028 | 5,7124 | 7,0855 | 8,7842 |
| 89 | 1,2488 | 1,5588 | 1,9445 | 2,4244 | 3,0210 | 3,7625 | 4,6834 | 5,8266 | 7,2449 | 9,0038 |
| 90 | 1,2520 | 1,5665 | 1,9591 | 2,4486 | 3,0588 | 3,8189 | 4,7653 | 5,9431 | 7,4079 | 9,2289 |

# P r o z e n t e

| 2¾ | 3 | 3¼ | 3½ | 3¾ | 4 | 4¼ | 4½ | 4¾ | 5 |
|---|---|---|---|---|---|---|---|---|---|
| 5,2322 | 6,0683 | 7,0355 | 8,1537 | 9,4465 | 10,940 | 12,666 | 14,658 | 16,959 | 19,613 |
| 5,3761 | 6,2504 | 7,2641 | 8,4391 | 9,8008 | 11,378 | 13,204 | 15,318 | 17,764 | 20,594 |
| 5,5240 | 6,4379 | 7,5002 | 8,7345 | 10,168 | 11,833 | 13,766 | 16,007 | 18,608 | 21,623 |
| 5,6759 | 6,6311 | 7,7440 | 9,0402 | 10,550 | 12,306 | 14,350 | 16,727 | 19,492 | 22,704 |
| 5,8320 | 6,8300 | 7,9957 | 9,3566 | 10,945 | 12,799 | 14,960 | 17,480 | 20,417 | 23,840 |
| 5,9923 | 7,0348 | 8,2555 | 9,6841 | 11,355 | 13,311 | 15,596 | 18,267 | 21,387 | 25,032 |
| 6,1571 | 7,2459 | 8,5238 | 10,023 | 11,781 | 13,843 | 16,259 | 19,089 | 22,403 | 26,283 |
| 6,3264 | 7,4633 | 8,8009 | 10,374 | 12,223 | 14,397 | 16,950 | 19,948 | 23,468 | 27,598 |
| 6,5004 | 7,6872 | 9,0870 | 10,737 | 12,681 | 14,973 | 17,670 | 20,846 | 24,582 | 28,977 |
| 6,6792 | 7,9178 | 9,3822 | 11,112 | 13,157 | 15,572 | 18,422 | 21,784 | 25,750 | 30,426 |
| 6,8629 | 8,1554 | 9,6872 | 11,501 | 13,650 | 16,194 | 19,204 | 22,764 | 26,973 | 31,948 |
| 7,0516 | 8,4000 | 10,002 | 11,904 | 14,162 | 16,842 | 20,020 | 23,788 | 28,254 | 33,545 |
| 7,2455 | 8,6520 | 10,327 | 12,321 | 14,693 | 17,516 | 20,871 | 24,859 | 29,597 | 35,222 |
| 7,4448 | 8,9116 | 10,662 | 12,752 | 15,244 | 18,217 | 21,758 | 25,978 | 31,002 | 36,982 |
| 7,6495 | 9,1789 | 11,009 | 13,198 | 15,816 | 18,945 | 22,683 | 27,147 | 32,475 | 38,833 |
| 7,8599 | 9,4543 | 11,367 | 13,660 | 16,410 | 19,703 | 23,647 | 28,368 | 34,017 | 40,744 |
| 8,0760 | 9,7380 | 11,736 | 14,138 | 17,025 | 20,491 | 24,652 | 29,645 | 35,633 | 42,813 |
| 8,2981 | 10,030 | 12,117 | 14,633 | 17,663 | 21,310 | 25,700 | 30,979 | 37,326 | 44,953 |
| 8,5263 | 10,331 | 12,511 | 15,145 | 18,325 | 22,163 | 26,792 | 32,373 | 39,099 | 47,201 |
| 8,7608 | 10,641 | 12,918 | 15,675 | 19,013 | 23,050 | 27,931 | 33,830 | 40,956 | 49,561 |
| 9,0017 | 10,960 | 13,338 | 16,224 | 19,725 | 23,972 | 29,118 | 35,352 | 42,901 | 52,039 |
| 9,2492 | 11,289 | 13,771 | 16,792 | 20,465 | 24,931 | 30,355 | 36,943 | 44,939 | 54,642 |
| 9,5036 | 11,628 | 14,219 | 17,380 | 21,233 | 25,928 | 31,645 | 38,605 | 47,074 | 57,373 |
| 9,7649 | 11,976 | 14,681 | 17,988 | 22,029 | 26,965 | 32,991 | 40,343 | 49,310 | 60,242 |
| 10,033 | 12,336 | 15,158 | 18,617 | 22,855 | 28,043 | 34,393 | 42,158 | 51,652 | 63,254 |
| 10,309 | 12,705 | 15,651 | 19,269 | 23,712 | 29,165 | 35,854 | 44,055 | 54,106 | 66,417 |
| 10,593 | 13,087 | 16,160 | 19,943 | 24,601 | 30,332 | 37,378 | 46,038 | 56,675 | 69,738 |
| 10,884 | 13,480 | 16,685 | 20,641 | 25,524 | 31,545 | 38,967 | 48,109 | 59,368 | 73,225 |
| 11,183 | 13,884 | 17,227 | 21,364 | 26,481 | 32,807 | 40,623 | 50,274 | 62,188 | 76,886 |
| 11,491 | 14,301 | 17,787 | 22,111 | 27,474 | 34,119 | 42,349 | 52,537 | 65,141 | 80,730 |

# P r o z e n t e

| Jahre | ¼ | ½ | ¾ | 1 | 1¼ | 1½ | 1¾ | 2 | 2¼ | 2½ |
|---|---|---|---|---|---|---|---|---|---|---|
| 91 | 1,2551 | 1,5744 | 1,9738 | 2,4731 | 3,0970 | 3,8762 | 4,8487 | 6,0620 | 7,5746 | 9,4596 |
| 92 | 1,2582 | 1,5823 | 1,9886 | 2,4978 | 3,1357 | 3,9343 | 4,9336 | 6,1833 | 7.7450 | 9,6961 |
| 93 | 1,2614 | 1,5902 | 2,0035 | 2,5229 | 3,1749 | 3,9933 | 5,0199 | 6,3069 | 7,9193 | 9,9385 |
| 94 | 1,2645 | 1,5981 | 2,0185 | 2,5480 | 3,2146 | 4,0532 | 5,1078 | 6,4330 | 8,0974 | 10,187 |
| 95 | 1,2677 | 1,6061 | 2,0337 | 2,5735 | 3,2548 | 4,1140 | 5,1972 | 6,5617 | 8,2796 | 10,441 |
| 96 | 1,2708 | 1,6141 | 2,0489 | 2,5993 | 3,2955 | 4,1757 | 5,2881 | 6,6929 | 8,4659 | 10,703 |
| 97 | 1,2740 | 1,6222 | 2,0643 | 2,6252 | 3,3367 | 4,2384 | 5,3806 | 6,8268 | 8,6564 | 10,970 |
| 98 | 1,2772 | 1,6303 | 2,0798 | 2,6515 | 3,3784 | 4,3019 | 5,4748 | 6,9633 | 8,8512 | 11,244 |
| 99 | 1,2804 | 1,6385 | 2,0954 | 2,6780 | 3,4206 | 4,3665 | 5,5706 | 7,1026 | 9,0503 | 11,525 |
| 100 | 1,2836 | 1,6467 | 2,1111 | 2,7048 | 3,4633 | 4,4320 | 5,6681 | 7,2446 | 9,2540 | 1,1814 |

# Prozente

| 2³/₄ | 3 | 3¹/₄ | 3¹/₂ | 3³/₄ | 4 | 4¹/₄ | 4¹/₂ | 4³/₄ | 5 |
|---|---|---|---|---|---|---|---|---|---|
| 11,807 | 14,729 | 18,365 | 22,885 | 28,504 | 35,484 | 44,149 | 54,901 | 68,236 | 84,767 |
| 12,131 | 15,171 | 18,962 | 23,686 | 29,573 | 36,903 | 46,025 | 57,371 | 71,477 | 89,005 |
| 12,465 | 15,626 | 19,578 | 24,515 | 30,682 | 38,379 | 47,981 | 59,953 | 74,872 | 93,455 |
| 12,808 | 16,095 | 20,214 | 25,373 | 31,833 | 39,915 | 50,021 | 62,650 | 78,429 | 98,128 |
| 13,160 | 16,578 | 20,871 | 26,262 | 33,027 | 41,511 | 52,147 | 65,470 | 82,154 | 103,04 |
| 13,522 | 17,075 | 21,550 | 27,181 | 34,265 | 43,171 | 54,363 | 68,417 | 86,056 | 108,19 |
| 13,894 | 17,588 | 22,250 | 28,132 | 35,550 | 44,899 | 56,673 | 71,495 | 90,144 | 113,60 |
| 14,276 | 18,115 | 22,973 | 29,117 | 36,883 | 46,694 | 59,082 | 74,713 | 94,426 | 119,28 |
| 14,669 | 18,659 | 23,720 | 30,136 | 38,266 | 48,562 | 61,593 | 78,075 | 98,911 | 125,24 |
| 15,072 | 19,219 | 24,491 | 31,191 | 39,701 | 50,505 | 64,211 | 81,588 | 103,61 | 131,50 |

# II.

# Zinseszins-Tabelle

## für die Einheit

eines jährlich um sich selbst erhöhten Capitals (Rente)

von $^1/_4\%$, $^1/_2\%$ u. s. w. bis $5\%$ und von 1 bis 100 Jahre.

---

# P r o z e n t e

| Jahre | ¼ | ½ | ¾ | 1 | 1¼ | 1½ | 1¾ | 2 | 2¼ | 2½ |
|---|---|---|---|---|---|---|---|---|---|---|
| 1 | 1 | 1 | 1 | 1 | 1 | 1 | 1 | 1 | 1 | 1 |
| 2 | 2,00 | 2,004 | 2,013 | 2,01 | 2,013 | 2,015 | 2,017 | 2,02 | 2,022 | 2,024 |
| 3 | 3,00 | 3,02 | 3,027 | 3,03 | 3,040 | 3,040 | 3,051 | 3,06 | 3,07 | 3,076 |
| 4 | 4,00 | 4,02 | 4,040 | 4,06 | 4,072 | 4,093 | 4,103 | 4,12 | 4,14 | 4,152 |
| 5 | 5,04 | 5,04 | 5,070 | 5,10 | 5,128 | 5,146 | 5,178 | 5,20 | 5,23 | 5,256 |
| 6 | 6,04 | 6,06 | 6,107 | 6,15 | 6,192 | 6,226 | 6,27 | 6,30 | 6,35 | 6,388 |
| 7 | 7,04 | 7,10 | 7,160 | 7,21 | 7,248 | 7,32 | 7,38 | 7,43 | 7,49 | 7,544 |
| 8 | 8,08 | 8,14 | 8,213 | 8,28 | 8,360 | 8,426 | 8,51 | 8,58 | 8,66 | 8,736 |
| 9 | 9,08 | 9,18 | 9,267 | 9,37 | 9,464 | 9,56 | 9,65 | 9,755 | 9,85 | 9,952 |
| 10 | 10,12 | 10,22 | 10,346 | 10,46 | 10,584 | 10,7 | 10,823 | 10,95 | 11,07 | 11,2 |
| 11 | 11,12 | 11,28 | 11,427 | 11,56 | 11,712 | 11,86 | 12,01 | 12,165 | 12,32 | 12,484 |
| 12 | 12,16 | 12,34 | 12,506 | 12,68 | 12,856 | 13,04 | 13,22 | 13,41 | 13,60 | 13,796 |
| 13 | 13,20 | 13,40 | 13,600 | 13,81 | 14,024 | 14,233 | 14,46 | 14,68 | 14,91 | 15,140 |
| 14 | 14,24 | 14,46 | 14,706 | 14,95 | 15,192 | 15,446 | 15,71 | 15,975 | 16,24 | 16,516 |
| 15 | 15,24 | 15,54 | 15,813 | 16,09 | 16,384 | 16,68 | 16,98 | 17,29 | 17,61 | 17,932 |
| 16 | 16,32 | 16,62 | 16,933 | 17,26 | 17,592 | 17,933 | 18,28 | 18,64 | 19,00 | 19,380 |
| 17 | 17,32 | 17,70 | 18,053 | 18,43 | 18,808 | 19,2 | 19,60 | 20,01 | 20,43 | 20,864 |
| 18 | 18,36 | 18,80 | 19,186 | 19,62 | 20,040 | 20,486 | 20,94 | 21,41 | 21,90 | 22,384 |
| 19 | 19,44 | 19,88 | 20,333 | 20,81 | 21,296 | 21,76 | 22,31 | 22,84 | 23,38 | 23,944 |
| 20 | 20,48 | 20,98 | 21,493 | 22,02 | 22,560 | 23,12 | 23,70 | 24,295 | 24,91 | 25,544 |
| 21 | 21,52 | 22,08 | 22,653 | 23,24 | 23,848 | 24,466 | 25,11 | 25,78 | 26,47 | 27,180 |
| 22 | 22,60 | 23,20 | 23,826 | 24,47 | 25,144 | 25,833 | 26,55 | 27,295 | 28,07 | 28,86 |
| 23 | 23,64 | 24,30 | 25,000 | 25,72 | 26,456 | 27,222 | 28,02 | 28,845 | 29,69 | 30,584 |
| 24 | 24,68 | 25,42 | 26,186 | 26,97 | 27,784 | 28,633 | 29,51 | 30,42 | 31,37 | 32,348 |
| 25 | 25,76 | 26,56 | 27,386 | 28,24 | 29,136 | 30,06 | 31,03 | 32,03 | 33,07 | 34,16 |
| 26 | 26,84 | 27,68 | 28,586 | 29,53 | 30,496 | 31,513 | 32,57 | 33,67 | 34,82 | 36,012 |
| 27 | 27,88 | 28,82 | 29,800 | 30,82 | 31,880 | 32,986 | 34,14 | 35,345 | 36,60 | 37,912 |
| 28 | 28,96 | 29,98 | 31,026 | 32,13 | 33,280 | 34,48 | 35,74 | 37,05 | 38,42 | 39,86 |
| 29 | 30,04 | 31,12 | 32,253 | 33,45 | 34,696 | 35,993 | 37,36 | 38,79 | 40,29 | 41,856 |
| 30 | 31,12 | 32,28 | 33,506 | 34,75 | 36,128 | 37,54 | 39,02 | 40,565 | 42,19 | 43,9 |

# Prozente

| 2³/₄ | 3 | 3¹/₄ | 3¹/₂ | 3³/₄ | 4 | 4¹/₄ | 4¹/₂ | 4³/₄ | 5 |
|---|---|---|---|---|---|---|---|---|---|
| 1 | 1 | 1 | 1 | 1 | 1 | 1 | 1 | 1 | 1 |
| 2,025 | 2,03 | 2,03 | 2,034 | 2,037 | 2,04 | 2,042 | 2,044 | 2,046 | 2,05 |
| 3,084 | 3,09 | 3,09 | 3,105 | 3,112 | 3,12 | 3,13 | 3,135 | 3,14 | 3,152 |
| 4,167 | 4,183 | 4,203 | 4,214 | 4,229 | 4,246 | 4,26 | 4,277 | 4,29 | 4,31 |
| 5,28 | 5,31 | 5,336 | 5,36 | 5,389 | 5,417 | 5,442 | 5,47 | 5,497 | 5,526 |
| 6,43 | 6,466 | 6,508 | 6,55 | 6,592 | 6,635 | 6,673 | 6,71 | 6,76 | 6,802 |
| 7,60 | 7,66 | 7,72 | 7,777 | 7,837 | 7,897 | 7,96 | 8,01 | 8,08 | 8,142 |
| 8,816 | 8,89 | 8,97 | 9,051 | 9,130 | 9,215 | 9,297 | 9,38 | 9,46 | 9,548 |
| 10,05 | 10,16 | 10,34 | 10,37 | 10,474 | 10,582 | 10,69 | 10,8 | 10,91 | 11,026 |
| 11,33 | 11,463 | 11,597 | 11,717 | 11,867 | 12,005 | 12,15 | 12,28 | 12,43 | 12,578 |
| 12,64 | 12,81 | 12,97 | 13,14 | 13,312 | 13,49 | 13,66 | 13,84 | 14,02 | 14,206 |
| 13,99 | 14,193 | 14,39 | 14,6 | 14,810 | 15,025 | 15,24 | 15,46 | 15,69 | 15,918 |
| 15,37 | 15,62 | 15,86 | 16,11 | 16,368 | 16,627 | 16,89 | 17,15 | 17,43 | 17,714 |
| 16,80 | 17,09 | 17,38 | 17,68 | 17,981 | 18,292 | 18,61 | 18,93 | 19,26 | 19,598 |
| 18,26 | 18,6 | 18,94 | 19,29 | 19,656 | 20,0225 | 20,4 | 20,78 | 21,177 | 21,578 |
| 19,76 | 20,16 | 20,56 | 20,97 | 21,392 | 21,825 | 22,27 | 22,71 | 23,18 | 23,658 |
| 21,31 | 21,76 | 22,23 | 22,7 | 23,194 | 23,697 | 24,21 | 24,74 | 25,28 | 25,84 |
| 22,9 | 23,41 | 23,95 | 24,497 | 25,064 | 25,645 | 26,24 | 26,85 | 27,48 | 28,132 |
| 24,52 | 25,116 | 25,73 | 26,36 | 27,005 | 27,67 | 28,36 | 29,06 | 29,79 | 30,54 |
| 26,19 | 26,87 | 27,56 | 28,27 | 29,016 | 29,78 | 30,56 | 31,37 | 32,206 | 33,066 |
| 27,91 | 28,676 | 29,46 | 30,27 | 31,104 | 31,97 | 32,86 | 33,78 | 34,73 | 35,718 |
| 29,68 | 30,537 | 31,41 | 32,33 | 33,272 | 34,25 | 35,26 | 36,3 | 37,38 | 38,51 |
| 31,50 | 32,453 | 33,44 | 34,46 | 34,52 | 36,617 | 37,75 | 38,935 | 40,16 | 41,43 |
| 33,37 | 34,426 | 35,52 | 36,66 | 37,85 | 39,082 | 40,36 | 41,699 | 43,07 | 44,502 |
| 35,28 | 36,46 | 37,68 | 38,95 | 40,269 | 41,645 | 43,07 | 44,564 | 46,11 | 47,728 |
| 37,25 | 38,553 | 39,90 | 41,31 | 42,781 | 44,312 | 45,91 | 47,57 | 49,3 | 51,114 |
| 39,28 | 40,71 | 42,20 | 43,75 | 45,384 | 47,082 | 48,86 | 50,714 | 52,646 | 54,67 |
| 41,36 | 42,93 | 44,57 | 46,29 | 48,088 | 49,97 | 51,93 | 53,993 | 56,15 | 58,402 |
| 43,49 | 45,22 | 47,02 | 48,91 | 50,89 | 52,965 | 55,14 | 57,422 | 59,81 | 62,322 |
| 45,69 | 47,576 | 49,55 | 51,62 | 53,8 | 56,085 | 58,48 | 61,007 | 63,65 | 66,438 |

4

# P r o z e n t e

| Jahre | ¼ | ½ | ¾ | 1 | 1¼ | 1½ | 1¾ | 2 | 2¼ | 2½ |
|---|---|---|---|---|---|---|---|---|---|---|
| 31 | 32,20 | 33,44 | 34,746 | 36,13 | 37,576 | 39,1 | 40,69 | 42,38 | 44,14 | 46,00 |
| 32 | 33,28 | 34,60 | 36,013 | 37,49 | 39,048 | 40,686 | 42,41 | 44,225 | 46,14 | 48,148 |
| 33 | 34,36 | 35,78 | 37,293 | 38,87 | 40,536 | 42,3 | 44,15 | 46,11 | 48,17 | 50,352 |
| 34 | 35,44 | 36,96 | 38,560 | 40,25 | 42,040 | 43,933 | 45,92 | 48,03 | 50,26 | 52,612 |
| 35 | 36,52 | 38,14 | 39,853 | 41,66 | 43,568 | 45,586 | 47,73 | 49,99 | 52,39 | 54,928 |
| 36 | 37,60 | 39,34 | 41,146 | 43,08 | 45,112 | 47,273 | 49,56 | 51,99 | 54,57 | 57,3 |
| 37 | 38,72 | 40,54 | 42,466 | 44,51 | 46,680 | 48,986 | 51,43 | 54,035 | 56,79 | 59,732 |
| 38 | 39,80 | 41,72 | 43,773 | 45,95 | 48,264 | 50,7 | 53,33 | 56,115 | 59,07 | 62,224 |
| 39 | 40,92 | 42,94 | 45,106 | 47,41 | 49,864 | 52,48 | 55,27 | 58,235 | 61,40 | 64,78 |
| 40 | 42,00 | 44,16 | 46,440 | 48,89 | 51,488 | 54,266 | 57,23 | 60,4 | 63,79 | 67,404 |
| 41 | 43,12 | 45,38 | 47,800 | 50,37 | 53,136 | 56,08 | 59,23 | 62,61 | 66,22 | 70,084 |
| 42 | 44,24 | 46,60 | 49,160 | 51,88 | 54,800 | 57,92 | 61,27 | 64,86 | 68,71 | 72,84 |
| 43 | 45,32 | 47,84 | 50,520 | 53,40 | 56,480 | 59,786 | 63,34 | 67,155 | 71,26 | 75,66 |
| 44 | 46,44 | 49,08 | 51,893 | 54,93 | 58,184 | 61,686 | 65,45 | 69,5 | 73,86 | 78,552 |
| 45 | 47,56 | 50,32 | 53,293 | 56,48 | 59,912 | 63,601 | 67,60 | 71,89 | 76,52 | 81,516 |
| 46 | 48,68 | 51,58 | 54,693 | 58,05 | 61,664 | 65,566 | 69,78 | 74,33 | 79,24 | 84,556 |
| 47 | 49,80 | 52,82 | 56,106 | 59,62 | 63,432 | 67,546 | 72,00 | 76,815 | 82,02 | 87,668 |
| 48 | 50,92 | 54,10 | 57,520 | 61,22 | 65,224 | 69,56 | 74,26 | 79,355 | 84,87 | 90,856 |
| 49 | 52,04 | 55,36 | 58,946 | 62,83 | 67,040 | 71,606 | 76,56 | 81,94 | 87,78 | 94,132 |
| 50 | 53,20 | 56,64 | 60,400 | 64,46 | 68,880 | 73,68 | 78,90 | 84,575 | 90,75 | 97,484 |
| 51 | 54,32 | 57,92 | 61,853 | 66,11 | 70,744 | 75,753 | 81,28 | 87,27 | 93,80 | 100,92 |
| 52 | 55,48 | 59,22 | 63,306 | 67,77 | 72,624 | 77,92 | 83,70 | 90,015 | 96,91 | 104,444 |
| 53 | 56,60 | 60,50 | 64,786 | 69,45 | 74,536 | 80,086 | 86,17 | 92,815 | 100,09 | 108,056 |
| 54 | 57,72 | 61,82 | 66,266 | 71,14 | 76,464 | 82,293 | 88,67 | 95,67 | 103,34 | 111,756 |
| 55 | 58,88 | 63,12 | 67,773 | 72,85 | 78,424 | 84,526 | 91,23 | 98,585 | 106,66 | 115,548 |
| 56 | 60,04 | 64,44 | 69,280 | 74,58 | 80,400 | 86,8 | 93,82 | 101,555 | 110,07 | 119,44 |
| 57 | 61,16 | 65,76 | 70,800 | 76,32 | 82,408 | 89,1 | 96,47 | 104,59 | 113,54 | 123,424 |
| 58 | 62,32 | 67,10 | 72,320 | 78,09 | 84,432 | 91,43 | 99,16 | 107,68 | 117,09 | 127,512 |
| 59 | 63,48 | 68,42 | 73,860 | 79,87 | 86,488 | 93,8 | 101,89 | 110,835 | 120,73 | 131,7 |
| 60 | 64,64 | 69,76 | 74,333 | 81,67 | 88,576 | 96,21 | 104,67 | 114,05 | 124,45 | 135,992 |

# P r o z e n t e

| 2¾ | 3 | 3¼ | 3½ | 3¾ | 4 | 4¼ | 4½ | 4¾ | 5 |
|---|---|---|---|---|---|---|---|---|---|
| 47,95 | 50,003 | 52,16 | 54,42 | 56,816 | 59,327 | 61,97 | 64,751 | 67,678 | 70,76 |
| 50,27 | 52,503 | 54,85 | 57,33 | 59,946 | 62,70 | 65,60 | 68,664 | 71,9 | 75,298 |
| 52,65 | 55,076 | 57,64 | 60,34 | 63,194 | 66,207 | 69,39 | 72,755 | 76,31 | 80,064 |
| 55,09 | 57,73 | 60,51 | 63,45 | 66,565 | 69,857 | 73,34 | 77,029 | 80,93 | 85,068 |
| 57,61 | 60,463 | 63,48 | 66,67 | 70,061 | 73,652 | 77,46 | 81,495 | 85,777 | 90,32 |
| 60,2 | 63,276 | 66,54 | 70,00 | 73,688 | 77,597 | 81,75 | 86,162 | 90,85 | 95,836 |
| 62,85 | 66,173 | 69,70 | 73,46 | 77,45 | 81,702 | 86,22 | 91,04 | 96,17 | 101,628 |
| 65,58 | 69,16 | 72,97 | 77,02 | 81,354 | 85,97 | 90,89 | 96,138 | 101,73 | 107,71 |
| 68,38 | 72,233 | 76,34 | 80,72 | 85,408 | 90,407 | 95,75 | 101,464 | 107,57 | 114,094 |
| 71,25 | 75,4 | 79,82 | 84,55 | 89,608 | 95,025 | 100,82 | 107,029 | 113,68 | 120,8 |
| 74,22 | 78,663 | 83,41 | 88,51 | 93,97 | 99,827 | 106,11 | 112,847 | 120,08 | 127,84 |
| 77,27 | 82,023 | 87,12 | 92,6 | 98,493 | 104,82 | 111,61 | 118,924 | 126,78 | 135,232 |
| 80,39 | 85,483 | 90,96 | 96,84 | 103,186 | 110,012 | 117,36 | 125,275 | 133,8 | 142,994 |
| 83,60 | 89,046 | 94,91 | 101,23 | 108,056 | 115,41 | 123,35 | 131,913 | 141,16 | 151,144 |
| 86,90 | 92,72 | 99,00 | 105,78 | 113,109 | 121,03 | 129,59 | 138,65 | 148,86 | 159,7 |
| 90,30 | 96,503 | 103,21 | 110,48 | 118,349 | 126,87 | 136,09 | 146,098 | 156,93 | 168,684 |
| 93,77 | 100,396 | 107,57 | 115,35 | 123,789 | 132,945 | 142,9 | 153,67 | 165,39 | 178,12 |
| 97,35 | 104,406 | 112,07 | 120,38 | 129,429 | 139,262 | 149,95 | 161,586 | 174,24 | 188,02 |
| 101,03 | 108,54 | 116,70 | 125,6 | 135,285 | 145,832 | 157,33 | 169,86 | 183,52 | 198,44 |
| 104,81 | 112,796 | 121,50 | 130,99 | 141,357 | 152,667 | 165,01 | 178,5 | 193,2 | 209,34 |
| 108,70 | 117,18 | 126,45 | 136,58 | 147,658 | 159,772 | 173,03 | 187,535 | 203,4 | 220,82 |
| 112,68 | 121,696 | 131,56 | 142,36 | 154,194 | 167,165 | 181,38 | 196,973 | 214,1 | 232,86 |
| 116,78 | 126,346 | 136,83 | 148,48 | 160,978 | 174,85 | 190,09 | 206,82 | 225,2 | 245,5 |
| 120,99 | 131,136 | 142,28 | 154,53 | 168,013 | 182,845 | 199,17 | 217,13 | 236,9 | 258,78 |
| 125,32 | 136,07 | 147,9 | 160,94 | 175,314 | 191,16 | 208,63 | 227,9 | 249,2 | 272,7 |
| 129,76 | 141,153 | 153,71 | 167,57 | 182,89 | 199,805 | 218,5 | 239,15 | 262,0 | 287,34 |
| 134,33 | 146,39 | 159,71 | 174,44 | 190,746 | 208,797 | 228,8 | 250,93 | 275,5 | 302,72 |
| 139,03 | 151,78 | 165,9 | 181,55 | 198,901 | 218,15 | 239,5 | 263,22 | 289,56 | 318,84 |
| 143,58 | 157,33 | 172,3 | 188,9 | 207,36 | 227,875 | 250,7 | 276,1 | 304,3 | 335,8 |
| 148,80 | 163,053 | 178,89 | 196,51 | 216,136 | 237,975 | 262,3 | 289,5 | 319,8 | 353,58 |

# P r o z e n t e

| Jahre | ¼ | ½ | ¾ | 1 | 1¼ | 1½ | 1¾ | 2 | 2¼ | 2½ |
|---|---|---|---|---|---|---|---|---|---|---|
| 61 | 65,80 | 71,12 | 76,986 | 83,48 | 90,680 | 98,653 | 107,51 | 117,33 | 128,25 | 140,392 |
| 62 | 66,96 | 72,48 | 78,573 | 85,32 | 92,816 | 101,14 | 110,39 | 120,675 | 132,24 | 144,9 |
| 63 | 68,12 | 73,84 | 80,160 | 87,17 | 94,976 | 103,653 | 113,32 | 124,09 | 136,11 | 149,524 |
| 64 | 69,32 | 75,20 | 81,760 | 89,04 | 97,160 | 106,206 | 116,30 | 127,575 | 140,17 | 154,26 |
| 65 | 70,48 | 76,58 | 83,373 | 90,94 | 99,376 | 108,8 | 119,34 | 131,125 | 144,32 | 159,116 |
| 66 | 71,64 | 77,96 | 84,986 | 92,84 | 101,616 | 111,43 | 122,42 | 134,75 | 148,57 | 164,096 |
| 67 | 72,84 | 79,36 | 86,640 | 94,77 | 103,888 | 114,106 | 125,57 | 138,44 | 152,91 | 169,2 |
| 68 | 74,04 | 80,76 | 88,280 | 96,72 | 106,184 | 116,801 | 128,77 | 142,21 | 157,36 | 174,444 |
| 69 | 75,20 | 82,16 | 89,946 | 98,69 | 108,512 | 119,56 | 132,02 | 146,055 | 161,89 | 179,788 |
| 70 | 76,40 | 83,56 | 91,613 | 100,68 | 110,872 | 122,36 | 135,33 | 149,975 | 166,54 | 185,284 |
| 71 | 77,60 | 84,98 | 93,306 | 102,68 | 113,256 | 125,2 | 138,69 | 153,975 | 171,23 | 190,916 |
| 72 | 78,76 | 86,40 | 95,013 | 104,71 | 115,672 | 128,07 | 142,12 | 158,055 | 176,14 | 196,688 |
| 73 | 79,96 | 87,84 | 96,720 | 106,76 | 118,120 | 130,993 | 145,61 | 162,22 | 181,10 | 202,608 |
| 74 | 81,16 | 89,28 | 98,440 | 108,82 | 120,592 | 133,96 | 149,16 | 166,46 | 186,18 | 208,672 |
| 75 | 82,40 | 90,72 | 100,186 | 110,91 | 123,096 | 136,973 | 152,77 | 170,79 | 191,36 | 214,892 |
| 76 | 83,56 | 92,18 | 101,933 | 113,02 | 125,640 | 140,02 | 156,44 | 175,205 | 197,22 | 221,26 |
| 77 | 84,80 | 93,64 | 103,693 | 115,02 | 128,208 | 143,126 | 160,18 | 179,71 | 202,09 | 227,792 |
| 78 | 86,00 | 95,18 | 105,480 | 117,31 | 130,808 | 146,273 | 163,98 | 184,305 | 207,64 | 234,488 |
| 79 | 87,20 | 96,58 | 107,266 | 119,48 | 133,448 | 149,46 | 167,85 | 188,99 | 213,32 | 241,348 |
| 80 | 88,44 | 98,06 | 109,066 | 121,67 | 136,120 | 152,7 | 171,79 | 193,775 | 219,11 | 248,384 |
| 81 | 89,64 | 99,56 | 110,893 | 123,89 | 138,816 | 156,00 | 175,80 | 198,645 | 225,04 | 255,592 |
| 82 | 90,88 | 101,06 | 112,720 | 126,13 | 141,552 | 159,67 | 179,87 | 203,62 | 231,11 | 262,984 |
| 83 | 92,12 | 102,56 | 114,573 | 128,39 | 144,320 | 162,726 | 184,02 | 206,69 | 237,30 | 570,556 |
| 84 | 93,36 | 104,08 | 116,426 | 130,67 | 137,128 | 166,16 | 188,24 | 213,865 | 243,65 | 278,320 |
| 85 | 94,56 | 105,58 | 118,306 | 132,98 | 149,968 | 169,66 | 192,48 | 219,145 | 250,13 | 286,280 |
| 86 | 95,80 | 107,12 | 120,153 | 135,31 | 152,840 | 173,2 | 196,91 | 224,525 | 256,76 | 294,436 |
| 87 | 97,04 | 108,66 | 122,093 | 137,66 | 155,752 | 176,8 | 201,35 | 230,015 | 263,54 | 302,796 |
| 88 | 98,28 | 110,20 | 124,00 | 140,04 | 158,696 | 180,46 | 205,87 | 235,62 | 270,47 | 311,368 |
| 89 | 99,52 | 111,76 | 125,933 | 142,44 | 161,680 | 184,16 | 210,48 | 241,33 | 277,55 | 320,125 |
| 90 | 100,80 | 113,30 | 127,880 | 144,86 | 164,704 | 187,9 | 215,16 | 247,155 | 284,79 | 329,156 |

# P r o z e n t e

| 2¾ | 3 | 3¼ | 3½ | 3¾ | 4 | 4¼ | 4½ | 4¾ | 5 |
|---|---|---|---|---|---|---|---|---|---|
| 153,62 | 168,943 | 185,71 | 204,39 | 225,24 | 248,5 | 274,5 | 303,5 | 335,98 | 372,26 |
| 159,13 | 175,013 | 192,74 | 212,54 | 234,688 | 259,45 | 287,1 | 318,18 | 352,9 | 391,88 |
| 164,51 | 181,263 | 200,00 | 220,98 | 244,48 | 270,825 | 300,4 | 333,5 | 370,7 | 412,46 |
| 170,03 | 187,703 | 207,5 | 229,72 | 254,66 | 282,65 | 314,1 | 349,5 | 389,3 | 434,05 |
| 175,71 | 194,333 | 215,25 | 238,76 | 265,20 | 294,975 | 328,4 | 366,22 | 408,8 | 456,8 |
| 181,53 | 201,16 | 223,24 | 248,11 | 276,13 | 307,775 | 343,4 | 383,7 | 429,2 | 480,64 |
| 187,53 | 208,196 | 231,5 | 257,8 | 287,49 | 321,075 | 359,0 | 401,98 | 450,6 | 505,66 |
| 193,69 | 215,443 | 240,03 | 267,82 | 299,28 | 334,925 | 375,3 | 421,07 | 473,0 | 531,96 |
| 200,01 | 222,906 | 248,83 | 278,2 | 311,49 | 349.325 | 392,2 | 441,02 | 496,46 | 559,54 |
| 206,51 | 230,593 | 257,91 | 288,01 | 324,18 | 364,3 | 409,9 | 461,87 | 521,0 | 588,52 |
| 213,19 | 238,513 | 267,29 | 300,03 | 337,33 | 379,85 | 428,3 | 483,64 | 546,8 | 618,96 |
| 220,06 | 246,666 | 276,9 | 311,54 | 350,98 | 396,05 | 447,5 | 506,4 | 573,8 | 650,9 |
| 227,11 | 255,066 | 286,9 | 323,45 | 365,14 | 412,9 | 467,5 | 530,2 | 602,0 | 684,44 |
| 234,35 | 263,72 | 297,3 | 335,77 | 379,84 | 430,425 | 488,4 | 555,07 | 631,6 | 719,64 |
| 241,80 | 272,63 | 307,97 | 348,51 | 395,09 | 448,625 | 510,2 | 581,04 | 662,6 | 756,66 |
| 249,45 | 281,81 | 318,98 | 361,72 | 410,93 | 467,575 | 532,9 | 608,18 | 695,1 | 795,48 |
| 257,31 | 291,266 | 330,3 | 375,37 | 427,33 | 487,275 | 556,5 | 636,55 | 729,1 | 836,26 |
| 265,38 | 301,0 | 342,0 | 389,51 | 444,34 | 507,75 | 581,2 | 666,2 | 764,76 | 879,06 |
| 273,68 | 311,033 | 354,2 | 404,14 | 462,00 | 529,075 | 606,9 | 697,18 | 802,1 | 924,02 |
| 282,21 | 321,366 | 366,7 | 419,28 | 480,34 | 551,25 | 633,7 | 729,55 | 841,2 | 971,22 |
| 290,95 | 332,0 | 379,6 | 434,97 | 499,33 | 574,3 | 661,6 | 763,38 | 882,1 | 1020,78 |
| 299,97 | 342,966 | 392,9 | 451,2 | 519,06 | 598,275 | 690,7 | 798,73 | 925,0 | 1072,84 |
| 309,22 | 354,266 | 406,7 | 468,0 | 539,54 | 623,2 | 721,0 | 835,66 | 969,98 | 1127,46 |
| 318,72 | 365,866 | 420,9 | 485,37 | 560,77 | 649,127 | 752,7 | 874,29 | 1017,0 | 1184,84 |
| 328,50 | 377,866 | 435,6 | 503,34 | 582,8 | 676,075 | 785,7 | 914,62 | 1066,3 | 1245,08 |
| 338,5 | 390,166 | 450,8 | 521,97 | 605,65 | 704,127 | 820,1 | 956,78 | 1118,0 | 1308,34 |
| 348,8 | 402,9 | 466,4 | 541,22 | 629,36 | 733,3 | 855,9 | 1000,84 | 1172,1 | 1374,76 |
| 359,4 | 416,0 | 482,6 | 561,17 | 653,97 | 763,627 | 893,3 | 1046,87 | 1228,8 | 1444,5 |
| 370,3 | 429,466 | 499,3 | 581,82 | 679,49 | 795,175 | 932,3 | 1094,98 | 1288,17 | 1517,72 |
| 381,5 | 443,366 | 516,5 | 603,17 | 705,97 | 827.975 | 972,9 | 1145,27 | 1350,3 | 1594,6 |

# P r o z e n t e

| Jahre | ¼ | ½ | ¾ | 1 | 1¼ | 1½ | 1¾ | 2 | 2¼ | 2½ |
|---|---|---|---|---|---|---|---|---|---|---|
| 91 | 102,04 | 114,88 | 129,840 | 147,31 | 167,760 | 191,746 | 219,92 | 253,1 | 292,20 | 338,384 |
| 92 | 103,28 | 116,46 | 131,813 | 149,78 | 170,856 | 195,62 | 224,78 | 259,165 | 299,78 | 347,844 |
| 93 | 104,56 | 118,04 | 133,800 | 152,29 | 173,992 | 199,553 | 229,71 | 265,345 | 307,52 | 357,54 |
| 94 | 105,80 | 119,62 | 135,800 | 154,80 | 177,168 | 203,546 | 234,73 | 271,65 | 315,44 | 367,48 |
| 95 | 107,08 | 121,22 | 137,826 | 157,35 | 180,384 | 207,6 | 239,84 | 278,085 | 323,54 | 377,64 |
| 96 | 108,30 | 122,82 | 139,853 | 159,93 | 183,640 | 211,71 | 245,03 | 284,645 | 331,82 | 388,12 |
| 97 | 109,60 | 124,44 | 141,906 | 162,52 | 186,936 | 215,9 | 250,32 | 291,34 | 340,28 | 398,8 |
| 98 | 110,88 | 126,06 | 143,973 | 165,15 | 190,272 | 220,126 | 255,70 | 298,165 | 348,94 | 409,76 |
| 99 | 112,16 | 127,70 | 146,153 | 167,80 | 193,648 | 224,433 | 261,18 | 305,13 | 357,79 | 421,00 |
| 100 | 113,44 | 129,34 | 148,146 | 170,48 | 197,064 | 228,8 | 266,75 | 312,23 | 366,78 | 432,56 |

# Prozente

| $2\frac{3}{4}$ | 3 | $3\frac{1}{4}$ | $3\frac{1}{2}$ | $3\frac{3}{4}$ | 4 | $4\frac{1}{4}$ | $4\frac{1}{2}$ | $4\frac{3}{4}$ | 5 |
|---|---|---|---|---|---|---|---|---|---|
| 392,9 | 457,633 | 534,3 | 625,28 | 733,44 | 862,1 | 1015,2 | 1197,8 | 1415,5 | 1675,34 |
| 404,8 | 472,366 | 552,7 | 648,17 | 761,94 | 897,575 | 1059,4 | 1252,7 | 1483,7 | 1760,1 |
| 416,9 | 487,533 | 571,6 | 671,85 | 791,52 | 934,475 | 1105,4 | 1310,07 | 1555,2 | 1849,1 |
| 429,4 | 503.166 | 591,2 | 696,37 | 822,21 | 972,875 | 1153,4 | 1370,0 | 1630,1 | 1942,56 |
| 442,2 | 519,266 | 611,4 | 721,77 | 854,05 | 1012,775 | 1203,4 | 1432,67 | 1708,5 | 2040,8 |
| 455,3 | 535,833 | 632,3 | 748,02 | 887,06 | 1054,275 | 1255,6 | 1498,15 | 1790,6 | 2143,8 |
| 468,9 | 552,933 | 653,8 | 775,2 | 921,33 | 1097,475 | 1309,9 | 1566,55 | 1876,7 | 2252,0 |
| 482,8 | 570,5 | 676,1 | 803,34 | 956,88 | 1142,35 | 1366,6 | 1638,07 | 1966,86 | 2365,6 |
| 497,0 | 588,633 | 699,0 | 832,45 | 993,76 | 1189,05 | 1425,7 | 1712,78 | 2061,3 | 2484,8 |
| 511,7 | 607,3 | 722,8 | 862,6 | 1032,02 | 1237,625 | 1487,3 | 1790,84 | 2169,0 | 2610,0 |

# III.

# Zinseszins-Tabelle

des Quotienten:

# Kapital dividirt durch die jährliche Rente.

---

# Quotient für nachstehende Prozente

| Jahre | ¼ | ½ | ¾ | 1 | 1¼ | 1½ | 1¾ | 2 | 2¼ | 2½ |
|---|---|---|---|---|---|---|---|---|---|---|
| 1 | 0,9975 | 0,9950 | 0,9925 | 0,9901 | 0,98765 | 0,98522 | 0,9828 | 0,9804 | 0,97799 | 0,97561 |
| 2 | 1,990 | 1,9841 | 1,9831 | 1,9704 | 1,9636 | 1,9559 | 1,9482 | 1,9415 | 1,9340 | 1,9265 |
| 3 | 2,9776 | 2,9751 | 2,9599 | 2,9409 | 2,9288 | 2,9072 | 2,8963 | 2,8835 | 2,8717 | 2,8563 |
| 4 | 3,9603 | 3,9405 | 3,9210 | 3,9015 | 3,8746 | 3,8563 | 3,8279 | 3,8063 | 3,7875 | 3,7615 |
| 5 | 4.9774 | 4,9158 | 4,8840 | 4,8525 | 4,8191 | 4,7768 | 4,7477 | 4,7098 | 4,6793 | 4,6455 |
| 6 | 5,9502 | 5,8813 | 5,8393 | 5,7935 | 5,7472 | 5,6940 | 5,6501 | 5,5942 | 5,5564 | 5,5083 |
| 7 | 6,9180 | 6,8564 | 6,7951 | 6,7249 | 6,6443 | 6,5955 | 6,3872 | 6,4682 | 6,4097 | 6,3465 |
| 8 | 7,9202 | 7,8216 | 7,7364 | 7,6464 | 7,5692 | 7,4798 | 7,4072 | 7,3230 | 7,2479 | 7,1700 |
| 9 | 8,8782 | 8,7770 | 8,6643 | 8,5673 | 8,4629 | 8,3611 | 8,2550 | 8,1625 | 8,0624 | 7,9688 |
| 10 | 9,8704 | 9,7227 | 9,6011 | 9,4693 | 9,3476 | 9,2198 | 9,0992 | 8,9828 | 8,8616 | 8,7494 |
| 11 | 10,818 | 10,678 | 10,525 | 10,361 | 10,216 | 10,068 | 9,9235 | 9,7838 | 9,6453 | 9,5146 |
| 12 | 11,801 | 11,623 | 11,433 | 11,253 | 11,075 | 10,907 | 10,735 | 10,575 | 10,413 | 10,258 |
| 13 | 12,778 | 12,558 | 12,341 | 12,134 | 11,933 | 11,728 | 11,540 | 11,348 | 11,165 | 10,982 |
| 14 | 13,750 | 13,485 | 13,245 | 13,006 | 12,767 | 12,540 | 12,322 | 12,107 | 11,893 | 11,689 |
| 15 | 14,679 | 14,420 | 14,136 | 13,859 | 13,599 | 13,341 | 13,089 | 12,847 | 12,613 | 12,381 |
| 16 | 15,681 | 15,345 | 15,025 | 14,720 | 14,421 | 14,132 | 13,852 | 13,578 | 13,309 | 13,055 |
| 17 | 16,600 | 16,261 | 15,899 | 15,562 | 15,227 | 14,907 | 14,594 | 14,290 | 13,995 | 13,712 |
| 18 | 17,553 | 17,186 | 16,771 | 16,402 | 16,024 | 15,670 | 15,323 | 14,980 | 14,672 | 14,352 |
| 19 | 18,540 | 18,082 | 17,642 | 17,225 | 16,819 | 16,398 | 16,045 | 15,675 | 15,319 | 14,977 |
| 20 | 19,482 | 18,988 | 18,510 | 18,016 | 17,597 | 17,166 | 16,750 | 16,349 | 15,963 | 15,588 |
| 21 | 20,421 | 19,884 | 19,363 | 18,857 | 18,372 | 17.897 | 17,443 | 17,009 | 16,589 | 16,182 |
| 22 | 21,392 | 20,789 | 20,214 | 19,659 | 19,131 | 18,618 | 18,126 | 17,655 | 17,205 | 16,764 |
| 23 | 22,320 | 21,666 | 21,052 | 20,459 | 19,881 | 19,328 | 18,801 | 18,292 | 17,797 | 17,332 |
| 24 | 23,244 | 22,553 | 21,887 | 21,240 | 20,621 | 20,031 | 19,460 | 18,912 | 18,391 | 17,884 |
| 25 | 24,201 | 23,446 | 22,719 | 22,020 | 21,357 | 20,718 | 20,110 | 19,523 | 18,960 | 18,425 |
| 26 | 25,153 | 24,313 | 23,538 | 22,798 | 22,079 | 21,398 | 20,745 | 20,120 | 19,524 | 18,950 |
| 27 | 26,062 | 25,189 | 54,355 | 23,559 | 22,796 | 22,067 | 21,371 | 20,707 | 20,071 | 19,463 |
| 28 | 27,004 | 26,072 | 25,169 | 24,317 | 23,503 | 22,726 | 21,988 | 21,280 | 20,606 | 19,965 |
| 29 | 27,942 | 26,929 | 25,969 | 25,065 | 24,200 | 23,372 | 22,599 | 21,843 | 21,133 | 20,453 |
| 30 | 28,874 | 27,794 | 26,777 | 25,781 | 24,888 | 24,016 | 23,187 | 22,395 | 21,642 | 20,929 |

# Quotient für nachstehende Prozente

| 2¾ | 3 | 3¼ | 3½ | 3¾ | 4 | 4¼ | 4½ | 4¾ | 5 |
|---|---|---|---|---|---|---|---|---|---|
| 0,97323 | 0,97087 | 0,96852 | 0,96618 | 0,96385 | 0,96153 | 0,95923 | 0,95693 | 9,95465 | 0,95238 |
| 1,9181 | 1,9135 | 1,8788 | 1,8988 | 1,8924 | 1,8861 | 1,8789 | 1,8717 | 1,8649 | 1,8594 |
| 2,8430 | 2,8278 | 2,8073 | 2,8005 | 2,7866 | 2,7736 | 2,7626 | 2,7472 | 2,7345 | 2,7228 |
| 3,7385 | 3,7165 | 3,6982 | 3,6722 | 3,6499 | 3,6286 | 3,6075 | 3,5865 | 3,5657 | 3,5457 |
| 4.6103 | 4,5804 | 4,5474 | 4,4102 | 4,4830 | 4,4523 | 4,4198 | 4,3894 | 4,3586 | 4,3298 |
| 5,4641 | 5,4151 | 5,3716 | 5,3284 | 5,2855 | 5,2437 | 5,1983 | 5,1526 | 5,1170 | 5,0757 |
| 6,2855 | 6,2282 | 6,1714 | 6,1126 | 6,0566 | 6,0011 | 5,9481 | 5,8860 | 5,8390 | 5,7864 |
| 7,0960 | 7,0178 | 6,9450 | 6,8743 | 6,8009 | 6,7333 | 6,6636 | 6,5958 | 6,5283 | 6,4625 |
| 7,8728 | 7,7868 | 7,7537 | 7,6088 | 7,5200 | 7,4347 | 7,3513 | 7,2673 | 7,1878 | 7,1074 |
| 8,6380 | 8,5295 | 8,4225 | 8,3064 | 8,2122 | 8,1102 | 8,0105 | 7,9074 | 7,8156 | 7,7218 |
| 9,3788 | 9,2542 | 9,1232 | 9,0002 | 8,8792 | 8,7628 | 8,6420 | 8,5282 | 8,4168 | 8,3058 |
| 10,103 | 9,9547 | 9,8034 | 9,6621 | 9,5214 | 9,3845 | 9,2497 | 9,1162 | 8,9903 | 8,8637 |
| 10,802 | 10,637 | 10,465 | 10,301 | 10,143 | 9,9857 | 9,8331 | 9,6772 | 9,5366 | 9,3941 |
| 11,491 | 11,298 | 11,107 | 10,922 | 10,740 | 10,563 | 10,3915 | 10,221 | 10.058 | 9,8983 |
| 12,155 | 11,938 | 11,723 | 11,514 | 11,315 | 11,117 | .10,927 | 10,737 | 10,557 | 10,379 |
| 12,802 | 12,563 | 12,325 | 12,093 | 11,870 | 11,652 | 11,440 | 11,229 | 11,033 | 10,838 |
| 13,437 | 13,165 | 12,906 | 12,649 | 12,404 | 12,165 | 11,933 | 11,706 | 11,487 | 11,274 |
| 14,053 | 13,751 | 13,467 | 13,188 | 12,920 | 12,659 | 12,406 | 12,158 | 11,921 | 11,689 |
| 14,644 | 14,323 | 14,013 | 13,712 | 13,417 | 13,133 | 12,861 | 12,591 | 12,335 | 12,086 |
| 15,223 | 14,877 | 14,537 | 14,208 | 13,895 | 13,591 | 13,294 | 13,007 | 12,731 | 12,462 |
| 15,788 | 15,415 | 15,050 | 14,698 | 14,357 | 14,030 | 13,7114 | 13,403 | 13,108 | 12,820 |
| 16,340 | 15,937 | 15,541 | 15,167 | 14,803 | 14,448 | 14,1126 | 13,783 | 13,468 | 13,165 |
| 16,878 | 16,445 | 16,025 | 15,620 | 15,231 | 14,856 | 14,495 | 14,147 | 13,812 | 13,488 |
| 17,402 | 16,935 | 16,486 | 16,055 | 15,644 | 15,247 | 14,8636 | 14,496 | 14,141 | 13,786 |
| 17,905 | 17,413 | 16,938 | 16,481 | 16,042 | 15,622 | 15,217 | 14,827 | 14,454 | 14,094 |
| 18,399 | 17,877 | 17,371 | 16,889 | 16,389 | 15,983 | 15,557 | 15,146 | 14,752 | 14,375 |
| 18,882 | 18,327 | 17,794 | 17,282 | 16,796 | 16,329 | 15,881 | 15,452 | 15,039 | 14,643 |
| 19,350 | 18,763 | 18,202 | 17,667 | 17,154 | 16,664 | 16,193 | 15,743 | 15,312 | 14,898 |
| 19,802 | 19,189 | 18,598 | 18,036 | 17,497 | 16,983 | 16,492 | 16,021 | 15,572 | 15,141 |
| 20,247 | 19,601 | 18,982 | 18,391 | 17,830 | 17,292 | 16,779 | 16,289 | 15,820 | 15,372 |

# Quotient für nachstehende Prozente

| Jahre | ¼ | ½ | ¾ | 1 | 1¼ | 1½ | 1¾ | 2 | 2¼ | 2½ |
|---|---|---|---|---|---|---|---|---|---|---|
| 31 | 29,801 | 28,643 | 27,562 | 26,540 | 25,566 | 24,645 | 23,764 | 22,938 | 22,144 | 21,395 |
| 32 | 30,724 | 29,496 | 28,354 | 27,266 | 26,240 | 25,266 | 24,342 | 23,467 | 22,639 | 21,848 |
| 33 | 31,642 | 30,350 | 29,143 | 27,990 | 26,903 | 25,880 | 24,905 | 23,988 | 23,114 | 22,290 |
| 34 | 32,555 | 31,195 | 29,901 | 28,697 | 27,557 | 26,482 | 25,458 | 24,497 | 23,587 | 22,723 |
| 35 | 33,464 | 32,031 | 30,682 | 29,408 | 28,206 | 27,072 | 26,007 | 24,996 | 24,045 | 23,145 |
| 36 | 34,367 | 32,874 | 31,441 | 30,109 | 28,845 | 27,659 | 26,540 | 25,486 | 24,495 | 23,555 |
| 37 | 35,303 | 33,708 | 32,208 | 30,801 | 29,479 | 28,238 | 27,067 | 25,970 | 24,930 | 23,956 |
| 38 | 36,197 | 34,517 | 32,953 | 31,483 | 30,103 | 28,794 | 27,584 | 26,440 | 25,360 | 24,347 |
| 39 | 37,123 | 35,350 | 33,704 | 32,161 | 30,717 | 29,364 | 28,096 | 26,901 | 25,781 | 24,729 |
| 40 | 38,007 | 36,173 | 34,442 | 32,837 | 31,326 | 29,915 | 28,592 | 27,354 | 26,195 | 25,103 |
| 41 | 38,924 | 36,987 | 35,186 | 33,496 | 31,930 | 30,458 | 29,082 | 27,800 | 26,595 | 25,464 |
| 42 | 39,835 | 37,793 | 35,918 | 34,158 | 32,523 | 30,992 | 29,566 | 28,234 | 26,984 | 25,820 |
| 43 | 40,706 | 38,605 | 36,637 | 34,811 | 33,106 | 31,518 | 30,040 | 28,659 | 29,373 | 26,166 |
| 44 | 41,608 | 39,409 | 37,353 | 35,454 | 33,684 | 32,039 | 30,507 | 29,079 | 27,747 | 26,503 |
| 45 | 42,505 | 40,203 | 38,075 | 36,094 | 34,256 | 32,545 | 30,967 | 29,489 | 28,114 | 26,833 |
| 46 | 43,398 | 41,005 | 38,784 | 36,730 | 34,822 | 33,055 | 31,416 | 29,892 | 28,473 | 27,155 |
| 47 | 44,285 | 41,782 | 39,490 | 37,350 | 35,379 | 33,550 | 31,858 | 30,286 | 28,823 | 27,467 |
| 48 | 45,168 | 42,581 | 40,184 | 37,972 | 35,929 | 34,040 | 32,292 | 30,673 | 29,169 | 27,772 |
| 49 | 46,047 | 43,357 | 40,874 | 38,585 | 36,473 | 34,524 | 32,720 | 31,052 | 29,505 | 28,071 |
| 50 | 46'956 | 44,138 | 41,570 | 39,194 | 37,012 | 34,998 | 33,140 | 31,421 | 29,832 | 28,362 |
| 51 | 47,825 | 44,911 | 42,253 | 39,799 | 37,544 | 35,451 | 33,553 | 31,787 | 30,156 | 28,645 |
| 52 | 48,725 | 45,691 | 42,924 | 40,395 | 38,066 | 35,926 | 33,957 | 32,144 | 30,470 | 28,923 |
| 53 | 49,584 | 46,446 | 43,600 | 40,986 | 38,586 | 36,380 | 34,358 | 32,494 | 30,778 | 29,193 |
| 54 | 50,439 | 47,223 | 44,264 | 41,568 | 39,095 | 36,830 | 34,747 | 32,837 | 31,077 | 29,456 |
| 55 | 51,324 | 47,977 | 44,934 | 42,146 | 39,602 | 37,270 | 35,135 | 33,174 | 31,370 | 29,713 |
| 56 | 52,205 | 48,736 | 45,591 | 42,719 | 40,100 | 37,707 | 35,511 | 33,503 | 31,661 | 29,964 |
| 57 | 53,046 | 49,487 | 46,244 | 43,283 | 40,593 | 38,134 | 35,886 | 33,828 | 31,940 | 30,209 |
| 58 | 53,917 | 50,245 | 46,886 | 43,848 | 41,076 | 38,553 | 36,253 | 34,145 | 32,214 | 30,448 |
| 59 | 54,784 | 50,978 | 47,531 | 44,404 | 41,557 | 38,968 | 36,610 | 34,456 | 32,485 | 30,681 |
| 60 | 55,646 | 51,717 | 48,115 | 44,955 | 42,036 | 39,378 | 36,962 | 34,760 | 32,749 | 30,908 |

# Quotient für nachstehende Prozente

| 2¾ | 3 | 3¼ | 3½ | 3¾ | 4 | 4¼ | 4½ | 4¾ | 5 |
|---|---|---|---|---|---|---|---|---|---|
| 20,680 | 20,000 | 19,353 | 18,733 | 18,148 | 17,588 | 17,054 | 16,544 | 16,057 | 15,593 |
| 21,100 | 20,389 | 19,710 | 19,067 | 18,456 | 17,873 | 17,318 | 16,788 | 16,285 | 15,803 |
| 21,508 | 20,765 | 20,061 | 19,390 | 18,753 | 18,147 | 17,571 | 17,022 | 16,501 | 16,003 |
| 21,902 | 21,132 | 20,397 | 19,700 | 19,039 | 18,413 | 17,814 | 17,246 | 16,707 | 16,193 |
| 22,301 | 21,487 | 20,724 | 19,999 | 19,271 | 18,665 | 18,047 | 17,460 | 16,904 | 16,374 |
| 22,670 | 21,832 | 21,040 | 20,288 | 19,580 | 18,908 | 18,270 | 17,665 | 17,091 | 16,547 |
| 23,034 | 22,166 | 21,345 | 20,571 | 19,836 | 19,142 | 18,485 | 17,862 | 17,272 | 16,711 |
| 23,391 | 22,493 | 21,642 | 20,839 | 20,083 | 19,368 | 18,691 | 18,050 | 17,443 | 16,868 |
| 23,738 | 22,808 | 21,930 | 21,101 | 20,321 | 19,584 | 18,888 | 18,229 | 17,607 | 17,017 |
| 24,072 | 23,114 | 22,208 | 21,355 | 20,550 | 19,793 | 19,077 | 18,403 | 17,763 | 17,159 |
| 24,404 | 23,412 | 22,476 | 21,599 | 20,772 | 19,993 | 19,259 | 18,566 | 17,912 | 17,294 |
| 24,727 | 23,701 | 22,737 | 21,833 | 20,985 | 20,186 | 19,433 | 18,723 | 18,013 | 17,283 |
| 25,037 | 23,981 | 22,992 | 22,061 | 21,190 | 20,371 | 19,5996 | 18,874 | 18,190 | 17,546 |
| 25,340 | 24,253 | 23,235 | 22,281 | 21,388 | 20,548 | 19,760 | 19,018 | 18,320 | 17,663 |
| 25,635 | 24,519 | 23,473 | 22,495 | 21,579 | 20,720 | 19,913 | 19,156 | 18,444 | 17,774 |
| 25,925 | 24,776 | 23,701 | 22,700 | 21,762 | 20,884 | 20,061 | 19,288 | 18,562 | 17,880 |
| 26,195 | 25,024 | 23,925 | 22,900 | 21,940 | 21,043 | 20,205 | 19,414 | 18,675 | 17,981 |
| 26,473 | 25,266 | 24,141 | 23,090 | 22,110 | 21,195 | 20,338 | 19,535 | 18,783 | 18,077 |
| 26,739 | 25,501 | 24,342 | 23,276 | 22,224 | 21,341 | 20,468 | 19,651 | 18,886 | 18,170 |
| 26,997 | 25,729 | 24,551 | 23,454 | 22,434 | 21,482 | 20,593 | 19,761 | 18,982 | 18,255 |
| 27,250 | 25,951 | 24,747 | 23,628 | 22,587 | 21,617 | 20,713 | 19,868 | 19,077 | 18,339 |
| 27,491 | 26,105 | 24,937 | 23,796 | 22,734 | 21,747 | 20,827 | 19,968 | 19,169 | 18,418 |
| 27,729 | 26,375 | 25,120 | 23,979 | 22,877 | 21,873 | 21,028 | 20,064 | 19,252 | 18,494 |
| 27,960 | 26,577 | 25,297 | 24,112 | 23,014 | 21,993 | 21,043 | 20,157 | 19,335 | 18,566 |
| 28,185 | 26,774 | 25,469 | 24,263 | 23,146 | 22,109 | 21,145 | 20,246 | 19,412 | 18,633 |
| 28,403 | 26,965 | 25,636 | 24,408 | 23,273 | 22,220 | 21,242 | 20,331 | 19,487 | 18,698 |
| 28,616 | 27,151 | 25,799 | 24,550 | 23,396 | 22,327 | 21,336 | 20,414 | 19,559 | 18,761 |
| 28,824 | 27,331 | 25,955 | 24,686 | 23,514 | 22,429 | 21,424 | 20,491 | 19,625 | 18,819 |
| 28,971 | 27,505 | 26,108 | 24,817 | 23,628 | 22,528 | 21,511 | 20,568 | 19,689 | 18,876 |
| 29,221 | 27,676 | 26,253 | 24,944 | 23,738 | 22,622 | 21,593 | 20,638 | 19,753 | 18,929 |

# Quotient für nachstehende Prozente

| Jahre | ¼ | ½ | ¾ | 1 | 1¼ | 1½ | 1¾ | 2 | 2¼ | 2½ |
|---|---|---|---|---|---|---|---|---|---|---|
| 61 | 56,503 | 52,463 | 48,804 | 45,496 | 42,502 | 39,781 | 37,312 | 35,058 | 33,006 | 31,130 |
| 62 | 57,356 | 53,201 | 49,326 | 46,039 | 42,966 | 40,182 | 37,653 | 35,351 | 33,284 | 31,346 |
| 63 | 58,204 | 53,930 | 50,063 | 46,571 | 43,424 | 40,568 | 37,987 | 35,639 | 33,504 | 31,557 |
| 64 | 59,082 | 54,649 | 50,682 | 47,099 | 43,874 | 40,955 | 38,316 | 35,921 | 33,744 | 31,763 |
| 65 | 59,921 | 55,376 | 51,297 | 47,628 | 44,321 | 41,337 | 38,641 | 36,197 | 33,979 | 31,964 |
| 66 | 60,755 | 56,093 | 51,900 | 48,142 | 44,760 | 41,711 | 38,957 | 36,468 | 34,210 | 32,086 |
| 67 | 61,619 | 56,816 | 52,516 | 48,656 | 45,196 | 42,081 | 39,272 | 36,732 | 34,434 | 32,352 |
| 68 | 62,478 | 57,531 | 53,112 | 49,166 | 45,625 | 42,438 | 39,580 | 36,993 | 34,657 | 32,541 |
| 69 | 63,298 | 58,237 | 53,712 | 49,670 | 46,049 | 42,798 | 39,881 | 37,248 | 34,870 | 32,720 |
| 70 | 64,148 | 58,934 | 54,300 | 50,170 | 46,470 | 43,152 | 40,178 | 37,498 | 35,082 | 32,897 |
| 71 | 64,993 | 59,638 | 54,892 | 50,660 | 46,882 | 43,503 | 40,467 | 37,743 | 35,276 | 33,070 |
| 72 | 65,800 | 60,333 | 55,480 | 51,150 | 47,292 | 43,843 | 40,755 | 37,984 | 35,489 | 33,240 |
| 73 | 66,636 | 61,033 | 56,056 | 51,635 | 47,697 | 44,180 | 41,037 | 38,220 | 35,686 | 33,405 |
| 74 | 67,467 | 61,725 | 56,628 | 52,110 | 48,094 | 44,513 | 41,314 | 38,450 | 35,880 | 33,565 |
| 75 | 68,327 | 62,408 | 57,203 | 52,585 | 48,486 | 44,842 | 41,587 | 38,676 | 36,066 | 33,723 |
| 76 | 69,117 | 63,097 | 57,768 | 53,055 | 48,877 | 45,162 | 41,853 | 38,898 | 36,353 | 33,874 |
| 77 | 69,967 | 63,778 | 58,328 | 53,460 | 49,260 | 45,481 | 42,117 | 39,116 | 36,431 | 34,025 |
| 78 | 70,781 | 64,504 | 58,891 | 53,984 | 49,639 | 45,795 | 42,375 | 39,330 | 36,607 | 34,171 |
| 79 | 71,589 | 65,117 | 59,443 | 54,438 | 50,016 | 46,101 | 42,628 | 39,539 | 36,781 | 34,312 |
| 80 | 72,426 | 65,797 | 59,990 | 54,887 | 50,387 | 46,404 | 42,880 | 39,745 | 36,949 | 34,452 |
| 81 | 73,226 | 66,471 | 60,544 | 55,336 | 50,751 | 46,707 | 43,125 | 39,945 | 37,113 | 34,585 |
| 82 | 74,053 | 67,136 | 61,080 | 55,778 | 51,112 | 47,099 | 43,365 | 40,142 | 37,276 | 34,719 |
| 83 | 74,877 | 67,794 | 61,622 | 56,215 | 51,468 | 47,292 | 43,602 | 40,335 | 37,432 | 34,849 |
| 84 | 75,695 | 68,456 | 62,174 | 56,647 | 51,822 | 47,575 | 43,835 | 40,525 | 37,588 | 34,973 |
| 85 | 76,477 | 69,098 | 62,686 | 57,077 | 52,170 | 47,860 | 44,051 | 40,711 | 37,739 | 35,096 |
| 86 | 77,287 | 69,756 | 63,191 | 57,503 | 52,513 | 48,137 | 44,290 | 40,893 | 37,886 | 35,216 |
| 87 | 78,092 | 70,407 | 63,734 | 57,922 | 52,853 | 48,410 | 44,510 | 41,071 | 38,031 | 35,332 |
| 88 | 78,893 | 71,050 | 64,247 | 58,340 | 53,187 | 48,682 | 44,726 | 41,247 | 38,172 | 35,446 |
| 89 | 79,689 | 71,697 | 64,763 | 58,753 | 53,518 | 48,946 | 44,942 | 41,418 | 38,309 | 35,570 |
| 90 | 80,512 | 72,323 | 65,274 | 59,159 | 53,846 | 49,203 | 45,151 | 41,586 | 38,444 | 35,664 |

# Quotient für nachstehende Prozente

| 2¾ | 3 | 3¼ | 3½ | 3¾ | 4 | 4¼ | 4½ | 4¾ | 5 |
|---|---|---|---|---|---|---|---|---|---|
| 29,360 | 27,840 | 26,396 | 25,066 | 23,843 | 22,714 | 21,672 | 20,704 | 19,812 | 18,980 |
| 29,599 | 28,000 | 26,533 | 25,185 | 23,946 | 22,803 | 21,746 | 20,771 | 19,867 | 19,029 |
| 29,781 | 28,156 | 26,666 | 25,300 | 24,043 | 22,887 | 21,822 | 20,834 | 19,924 | 19,075 |
| 29,956 | 28,307 | 26,795 | 25,410 | 24,139 | 22,968 | 21,888 | 20,894 | 19,972 | 19,119 |
| 30,128 | 28,453 | 26,921 | 25,518 | 24,230 | 23,047 | 21,956 | 20,950 | 20,022 | 19,161 |
| 30,293 | 28,595 | 27,041 | 25,620 | 24,316 | 23,122 | 22,020 | 21,005 | 20,068 | 19,201 |
| 30,457 | 28,733 | 27,159 | 25,720 | 24,402 | 23,194 | 22,082 | 21,057 | 20,113 | 19,239 |
| 30,616 | 28,867 | 27,273 | 25,817 | 24,484 | 23,264 | 22,141 | 21,108 | 20,156 | 19,276 |
| 30,769 | 28,997 | 27,383 | 25,910 | 24,562 | 23,331 | 22,197 | 21,156 | 20,196 | 19,309 |
| 30,918 | 29,123 | 27,489 | 25,998 | 24,639 | 23,395 | 22,253 | 21,202 | 20,235 | 19,342 |
| 31,064 | 29,246 | 27,592 | 26,085 | 24,712 | 23,455 | 22,304 | 21,245 | 20,272 | 19,374 |
| 31,207 | 29,365 | 27,684 | 26,170 | 24,782 | 23,515 | 22,353 | 21,287 | 20,308 | 19,404 |
| 31,344 | 29,481 | 27,781 | 26,252 | 24,850 | 23,573 | 22,401 | 21,328 | 20,341 | 19,432 |
| 31,478 | 29,593 | 27,882 | 26,330 | 24,916 | 23,628 | 22,447 | 21,367 | 20,373 | 19,458 |
| 31,610 | 29,702 | 27,974 | 26,405 | 24,980 | 23,680 | 22,492 | 21,403 | 20,404 | 19,485 |
| 31,737 | 29,808 | 28,062 | 26,479 | 25,042 | 23,731 | 22,535 | 21,438 | 20,433 | 19,509 |
| 31,861 | 29,911 | 28,143 | 26,549 | 25,100 | 23,780 | 22,575 | 21,472 | 20,462 | 19,533 |
| 31,981 | 30,010 | 28,223 | 26,618 | 25,156 | 23,826 | 22,615 | 21,505 | 20,489 | 19,554 |
| 32,098 | 30,107 | 28,309 | 26,684 | 25,210 | 23,872 | 22,652 | 21,535 | 20,515 | 19,576 |
| 32,213 | 30,201 | 28,386 | 26,747 | 25,264 | 23,916 | 22,688 | 21,565 | 20,539 | 19,596 |
| 32,321 | 30,292 | 28,460 | 26,810 | 25,313 | 23,957 | 22,721 | 21,593 | 20,562 | 19,616 |
| 32,432 | 30,381 | 28,529 | 26,870 | 25,363 | 23,997 | 22,753 | 21,620 | 20,584 | 19,634 |
| 32,537 | 30,468 | 28,602 | 26,927 | 25,410 | 24,036 | 22,785 | 21,646 | 20,605 | 19,651 |
| 32,639 | 30,549 | 28,668 | 26,983 | 25,455 | 24,073 | 22,816 | 21,671 | 20,626 | 19,668 |
| 32,740 | 30,632 | 28,736 | 27,035 | 25,499 | 24,108 | 22,845 | 21,695 | 20,645 | 19,684 |
| 32,834 | 30,708 | 28,803 | 27,088 | 25,541 | 24,143 | 22,873 | 21,717 | 20,663 | 19,699 |
| 32,928 | 30,786 | 28,861 | 27,137 | 25,582 | 24,172 | 22,996 | 21,739 | 20,681 | 19,713 |
| 33,020 | 30,861 | 28,924 | 27,187 | 25,621 | 24,207 | 22,926 | 21,760 | 20,698 | 19,727 |
| 33,111 | 30,933 | 28,983 | 27,233 | 25,660 | 24,238 | 22,950 | 21,780 | 20,714 | 19,740 |
| 33,200 | 31,004 | 29,038 | 27,278 | 25,696 | 24,267 | 22,974 | 21,799 | 20,729 | 19,752 |

# Quotient für nachstehende Prozente

| Jahre | ¼ | ½ | ¾ | 1 | 1¼ | 1½ | 1¾ | 2 | 2¼ | 2½ |
|---|---|---|---|---|---|---|---|---|---|---|
| 91 | 81,300 | 72,967 | 65,781 | 59,564 | 54,168 | 49,468 | 45,356 | 41,751 | 38,576 | 35,771 |
| 92 | 82,082 | 73,603 | 66,284 | 59,963 | 54,486 | 49,721 | 45,561 | 41,914 | 38,706 | 35,874 |
| 93 | 82,892 | 74,230 | 66,782 | 60,364 | 54,801 | 49,971 | 45,759 | 42,071 | 38,831 | 35,975 |
| 94 | 83,666 | 74,849 | 67,276 | 60,752 | 55,113 | 50,218 | 45,955 | 42,227 | 38,955 | 36,073 |
| 95 | 84,467 | 75,473 | 67,772 | 61,141 | 55,421 | 50,461 | 46,148 | 42,380 | 39,076 | 36,167 |
| 96 | 85,217 | 76,089 | 68,256 | 61,528 | 55,725 | 50,700 | 46,336 | 42,529 | 39,194 | 36,263 |
| 97 | 86,024 | 76,709 | 68,743 | 61,905 | 56,025 | 50,939 | 46,522 | 42,676 | 39,310 | 36,353 |
| 98 | 86,812 | 77,321 | 69,225 | 62,284 | 56,290 | 51,168 | 46,704 | 42,819 | 39,423 | 36,441 |
| 99 | 87,595 | 77,937 | 69,750 | 62,657 | 56,612 | 51,399 | 46,885 | 42,960 | 39,533 | 36,527 |
| 100 | 88,374 | 78,545 | 70,174 | 63,028 | 56,900 | 51,625 | 47,061 | 43,097 | 39,635 | 36,615 |

# Quotient für nachstehende Prozente

| 2¾ | 3 | 3¼ | 3½ | 3¾ | 4 | 4¼ | 4½ | 4¾ | 5 |
|---|---|---|---|---|---|---|---|---|---|
| 33,276 | 31,069 | 29,093 | 27,322 | 25,730 | 24,296 | 22,996 | 21,817 | 20,747 | 19,764 |
| 33,367 | 31,136 | 29,147 | 27,364 | 25,764 | 24,322 | 23,018 | 21,835 | 20,758 | 19,775 |
| 33,444 | 31,191 | 29,195 | 27,405 | 25,797 | 24,348 | 23,038 | 21,851 | 20,771 | 19,786 |
| 33,525 | 31,262 | 29,246 | 27,444 | 25,828 | 24,374 | 23,059 | 21,867 | 20,784 | 19,796 |
| 33,601 | 31,323 | 29,293 | 27,483 | 25,859 | 24,398 | 23,078 | 21,884 | 20,796 | 19,807 |
| 33,670 | 31,380 | 29,341 | 27,519 | 25,888 | 24,420 | 23,096 | 21,897 | 20,808 | 19,816 |
| 33,748 | 31,439 | 29,383 | 27,555 | 25,916 | 24,443 | 23,114 | 21,911 | 20,819 | 19,824 |
| 33,818 | 31,493 | 29,429 | 27,590 | 25,943 | 24,465 | 23,131 | 21,925 | 20,830 | 19,833 |
| 33,881 | 31,547 | 29,468 | 27,623 | 25,969 | 24,485 | 23,147 | 21,939 | 20,840 | 19,840 |
| 33,950 | 31,600 | 29,513 | 27,655 | 25,994 | 24,505 | 23,163 | 21,949 | 20,850 | 19,848 |

# Zinsraten-Tabelle
## nach der neuen Reichswährung

nebst

### Reduktions-Tabelle

zu Art. 15 und 16 des Grundentlastungs Gesetzes vom 28. April 1872

von

### Lorenz Knobling

(gl. Rentbeamte.)

Preis 3 Mark.

---

# Tabellen

zur

# Berechnung der Gerichtskosten

nach dem

### Reichsgesetze vom 28. Juni 1878.

Preis 20 Pfennig.

---

# Tabellen

zur

# Berechnung der Gerichtsvollziehergebühren

nach der

### Gerichtsvollzieherordnung vom 24. Juni 1878

von

### Lucius.

Preis 20 Pfennig.

---

# Lucius, Neuester Rechenknecht.

## Tabellen zur schnellen, leichten und sicheren Berechnung des Preises zählbarer Sachen

für ¹/₁₀ bis 10000 Stück, das Stück zu 1 Pfennig bis 100 Mark; der Umlagen aller Art aus ¹/₁₀ Pfennig bis 10000 Mark Konkurrenzsumme von 1 bis 100%; der jährlichen, monatlichen und täglichen Zinsbeträge aus 1 bis 10000 Mark Kapital von 1 bis 10%; der Zinseszinsen und Annuitäten und der süddeutschen Währung in die neue Reichswährung und umgekehrt 2c.

2. Auflage. Preis gebd. 1 M.

---

# Ar und Hektar.
## Umwandlung

von

# Tagwerk und Dezimalen in Hektar und Ar

### unter Berücksichtigung der Werthverhältnisse.

Bearbeitet von M. Schön.

Preis steif broschirt 30 Pfennig.